A CONSTRUÇÃO DE UM FILÓSOFO

COLIN McGINN

A CONSTRUÇÃO DE UM FILÓSOFO

Tradução de
LUIZ PAULO GUANABARA

EDITORA RECORD
RIO DE JANEIRO • SÃO PAULO

2004

CIP-Brasil. Catalogação-na-fonte
Sindicato Nacional dos Editores de Livros, RJ.

McGinn, Colin, 1950-
M429c A construção de um filósofo / Colin McGinn; tradução de Luiz Paulo Guanabara. – Rio de Janeiro: Record, 2004.

Tradução de: The making of a philosopher
ISBN 85-01-06705-9

1. McGinn, Colin, 1950-. 2. Filosofia moderna – Século XX. I. Título.

04-1837 CDD – 192
CDU – 1(42)

Título original em inglês:
THE MAKING OF A PHILOSOPHER

Publicado em acordo com HarperCollins Publishers Inc.

Direitos exclusivos de publicação em língua portuguesa para o Brasil adquiridos pela
DISTRIBUIDORA RECORD DE SERVIÇOS DE IMPRENSA S.A.
Rua Argentina 171 – Rio de Janeiro, RJ – 20921-380 – Tel.: 2585-2000
que se reserva a propriedade literária desta tradução

Impresso no Brasil

ISBN 85-01-06705-9

PEDIDOS PELO REEMBOLSO POSTAL
Caixa Postal 23.052
Rio de Janeiro, RJ – 20922-970

Agradecimentos

GOSTARIA DE AGRADECER EM ESPECIAL À MINHA AGENTE, Susan Rabiner, por me encorajar a escrever este livro e por suas inúmeras e valiosas sugestões. Cathy Mortenson e Galen Strawson também prestaram inestimável ajuda. Mas, obviamente, a minha maior dívida é para com meus professores, colegas e alunos, ao longo de um período de trinta anos de atividade filosófica.

Sumário

Prefácio

O OBJETIVO DESTE LIVRO É EXPLICAR A FILOSOFIA DE UMA forma acessível e cativante. Mas qual seria a melhor maneira de fazê-lo? Após tentar diversos estratagemas para obter um livro com essa característica, tive a idéia do formato autobiográfico. Formatos mais ortodoxos inevitavelmente se tornam muito didáticos, e, embora exista espaço para esse tipo de livro, eu não queria que o meu lembrasse a escola ao leitor. Percebi que o que faltava era um sentido da filosofia como matéria viva — como parte de uma vida humana feita de carne e osso. Inserindo a filosofia em um contexto autobiográfico, pude transmitir a excitação e a paixão que o assunto desperta, assim como suas dificuldades e desafios. Eu mesmo gostei muito de ler outras autobiografias e biografias filosóficas; poderia, em particular, citar aqui a *Autobiografia* de Bertrand Russell e a biografia *Ludwig Wittgenstein: O dever do gênio*, escrita por Ray Monk. Por mais purista que eu seja quando se trata de filosofia, não há como negar o drama e o realismo que acompanham uma abordagem mais pessoal. Neste livro, portanto, fiz questão de situar a filosofia no seu contexto pessoal, enfatizando as pessoas, os lugares e as épocas envolvidas. Existe também um elemento de luta inerente a uma vida dedicada à filosofia e tentei apresentar esse aspecto no que diz respeito ao meu caso. Espero que o resultado tenha captado a textura da consciência cotidiana de um filósofo profissional.

Devo esclarecer que esta não é uma autobiografia completa; é uma autobiografia intelectual. Portanto menciono apenas as experiências e relacionamentos vinculados diretamente à minha vida intelectual. Não menciono as experiências e relacionamentos, por mais importantes que tenham sido, que não contribuíram para o perfil da minha existência filosófica. Este livro é principalmente sobre o que se tem passado na minha mente. Quero enfatizar isso, pois o meu leitor poderia facilmente interpretar a ausência de abordagem de acontecimentos extrafilosóficos como uma ausência desse gênero de acontecimento relevante. Um dos estereótipos do filósofo é aquele em que o vemos confinado o dia inteiro num quarto solitário, contemplando incessantemente — como se amor ou sexo não fizessem parte da vida de um filósofo dedicado. Reconheço que o modo como descrevo a minha vida aqui poderia confirmar esse estereótipo, já que não menciono essas questões universais. Mas, repetindo, a ausência dessa abordagem não deve ser considerada uma ausência desse tipo relevante de experiências — muito pelo contrário. Eu simplesmente talhei aquela porção da minha vida na qual a filosofia desempenhou o papel principal. Já existem tumultos e dramas suficientes acontecendo por aí para serem mencionados.

O tipo de filosofia tratado neste livro é freqüentemente rotulado de "filosofia analítica". Este é um rótulo realmente muito limitado, já que o que escolho para argumentar não é geralmente uma questão de selecionar uma palavra ou conceito e analisá-lo (seja lá o que isso poderia ser exatamente). A tradição filosófica da qual faço parte começa com Platão e Aristóteles, continua com Locke, Berkeley e Hume, assim como com Descartes, Leibniz e Kant, e atinge Frege, Russell, Wittgenstein e seus descendentes filosóficos recentes. Essa tradição enfatiza clareza, rigor, argumentação, teoria e verdade. Não é uma tradição que tem como principal objetivo a inspiração ou consolação ou ideologia, como também não está particularmente interessada em "filosofias de vida", embora partes dela estejam. Esse tipo de filosofia está mais próximo da ciência do que da religião, da matemática do que da poesia — embora não seja nem ciência nem matemática. Então os leitores em busca de um livro sobre filosofia oriental ou ocidental, ou filosofia "pós-moderna", não serão contemplados aqui. Este é um livro sobre a filosofia praticada hoje nos departamentos de filosofia das universidades em todo o mundo, e que é agora em ampla escala o tipo "analítico" de filosofia.

O livro, portanto, é sobre filosofia acadêmica contemporânea. O que pretendi fazer foi apresentar um vislumbre estendido desse mundo, de modo que o leitor possa obter uma impressão de como o artigo genuíno se parece. Algumas das minhas discussões podem portanto parecer complexas e distanciadas das preocupações da vida cotidiana, mas tentei tornar as idéias claras, ao mesmo tempo que faço justiça à filosofia acadêmica, como ela tem sido praticada de fato ao longo dos últimos trinta anos. O que você obtém aqui é o que existe. Não que de algum modo esse tipo de filosofia interesse apenas àqueles que são pagos para praticá-la; parte do meu argumento neste livro é que essas idéias deveriam interessar a todos que se preocupam com as questões fundamentais sobre a realidade. Como me empenhei em mostrar, eu mesmo fui atraído pela filosofia — dessa forma irresistível — simplesmente pelo interesse intrínseco das questões; de certo modo, foi acidental eu acabar me tornando professor de um departamento de filosofia de uma universidade.

Não quero pintar um quadro muito sombrio e pesado das próximas páginas. Nem tudo é pensamento profundo que enruga a testa; a filosofia tem seu lado cômico e seu lado demasiado humano. Apesar de tudo, os filósofos também são seres humanos, por mais surpreendente que isto possa parecer.

Colin McGinn
Nova York
Julho de 2001

CAPÍTULO UM

Primeiros Estímulos

NASCI EM 1950, CINCO ANOS DEPOIS DE TERMINADA A SEGUNDA Guerra Mundial, em West Hartlepool, condado de Durham, uma pequena cidade de economia mineira situada no nordeste da Inglaterra. O hospital em que nasci fora um asilo no passado, ou abrigo para sem-teto, como se diria hoje em dia. Minha mãe tinha vinte anos, meu pai vinte e seis e eu era o primeiro filho deles. Ambos os meus avôs — que se chamavam Joseph, como meu pai — trabalhavam na mineração do carvão, assim como todos os meus tios, com exceção de um, que era carpinteiro e pedreiro. A expectativa de vida entre os mineiros era baixa e os meus dois avôs morreram cedo de doenças adquiridas no trabalho. Todos na minha família eram baixos e parrudos. Na mineração, o meu avô paterno era conhecido como "Joe, o Agitador", devido ao seu ativismo na luta por melhores condições de trabalho; ele acabou se tornando secretário do sindicato local dos mineiros e lia Karl Marx e Rudyard Kipling nas horas vagas. Era um homem bondoso, de poucas palavras, não muito dado a conversas e devotado ao seu fumo da marca Woodbine. Não me lembro de um tempo em que a minha minúscula avó, que tinha uma voz aguda e estava sempre praguejando, tivesse dentes na boca; ela mastigava carne com a gengiva. Usava "tu" e "vós" ao conversar com as pessoas e uma de suas observações ao descobrir uma faca cega era "Eu poderia ir a Londres pelada montada nisso", e soltava uma gargalhada gutural e estridente. Não me lembro do meu avô materno, embora a minha avó viúva, por um milagre, ainda esteja viva aos noventa anos. Meu pai largou a escola aos quatorze e foi para as minas. Seu primeiro trabalho foi separar as pedras do carvão que se deslocavam sobre uma imensa esteira rolante. Entretanto ele escapou rapidamente dessa forma de enterro prematuro, freqüentando a escola noturna e aprendendo o ofício da construção civil. Era bastante competente nisso, a ponto de vir a se tornar gerente geral de uma pequena empresa de construção, quando ainda tinha vinte e poucos anos, e fez carreira como gerente de várias filiais do departamento de construção da cooperativa, em diferentes partes da Inglaterra. Aposentou-se cedo e hoje tem uma segunda profissão de pintor, principalmente de cenas das cidades mineiras onde cresceu. Alguns de seus trabalhos se encontram no arquivo histórico da galeria de arte que atende à região que suas pinturas retratam.

Os meus irmãos, Keith e Martin, também são artistas, embora eu nunca tenha sido muito forte nesse quesito.

Não lembro dos meus primeiros três anos no nordeste da Inglaterra pois, quando tinha essa idade, nos mudamos para Gillingham, em Kent, no sudeste. Que diferença fazem quinhentos quilômetros. Kent é conhecida como o "jardim da Inglaterra", enquanto Durham era uma região com muita fuligem, ruas irregulares e monótonas e banheiros gelados do lado de fora das casas. Em Gillingham, eu gostava das florestas e dos campos e desenvolvi um interesse especial pela vida selvagem — especialmente os lagartos e as borboletas. Tornei-me o mais alto McGinn registrado (um metro e sessenta e oito) — até meu gigante irmão caçula alcançar a notável marca de um metro e setenta e cinco de altura. Com onze anos, fiz o Eleven Plus, um teste escolar para determinar o tipo de colégio para o qual você seria encaminhado pelo restante dos anos escolares, e não me saí bem o bastante para poder cursar o segundo grau. Fui então para a escola técnica local, onde era esperado que eu aprendesse as aptidões necessárias para me tornar um comerciante ou um técnico. Entretanto, após apenas oito anos em Gillingham, nos mudamos novamente, dessa vez para Blackpool, no noroeste do país, e, depois de uma série de insucessos, fui enviado para a escola secundária moderna local — um nível *abaixo* da escola técnica no sul.

Blackpool é uma cidade à beira-mar, rústica, turbulenta e desfigurada, com muito vento e umidade, freqüentada principalmente por operários em excursões baratas. Suas ruas são repletas de bares, de lanchonetes que servem peixe com batatas e de fliperamas. Cultural ela não é. E no entanto havia nos habitantes locais um estranho sentimento de privilégio, uma espécie mesmo de esnobismo, uma vez que as pessoas gastavam de fato um bom dinheiro ao visitarem o lugar. As principais atividades dos rapazes na cidade eram beber e brigar, e tentar tirar uma desajeitada vantagem das garotas de fora sob o píer do cais. A escola que eu freqüentava era tosca e prosaica, basicamente um exercício de controle de massa, embora muitas vezes fosse divertida (a diretora baixinha e gorda chamava-se sra. Bloomer — "Keks" para os meninos, que no dialeto local significa "ceroula"). Certa vez o professor de educação física suspendeu todos os meninos de uma mesma série — cerca de noventa traseiros — porque alguém atrás do muro do vestiário atirara batatas fritas dentro da piscina e ninguém assumira a culpa. Eu fui suspenso três vezes ao todo, as outras duas vezes também por nenhuma razão em particular (o que chateia da mesma forma). Não era uma escola da qual se esperava que o aprendizado resultasse em alguma coisa; a maioria dos garotos que conheci ali estavam subempregados aos dezesseis anos de idade. Ainda assim, sempre fui ótimo aluno de matemática e de inglês (mas péssimo em geografia). Tratava de fazer o meu dever de casa o mais rápido possível e passava a maior parte do tempo praticando esportes, tocando bateria numa banda de rock e aperfeiçoando minhas habilidades no fliperama.

Contudo, me saí bem o suficiente nos exames básicos, prestados aos dezesseis anos, para ser transferido para a escola secundária local, onde iria estudar para os exames de nível avançado. Aqui fui superado de forma dramática pelos meus colegas de classe, que me pareciam gênios virtuais, comparativamente falando. Alguns desses rapazes realmente sentiam prazer na leitura de livros! Fui um grande leitor de livros infantis quando jovem, especialmente das histórias do Dr. Doolittle, mas na adolescência eu não li quase nada, a não ser uma ou outra história de terror ocasional ou de ficção científica. Coincidentemente, aos doze anos, quando os hormônios afloraram, a leitura havia perdido seu encanto para mim. O que eu gostava de fazer e fazia bem era praticar esportes, principalmente ginástica e salto com vara (modalidade na qual bati o recorde da escola). Como tantos outros jovens ingleses dos anos 60, eu fui um "*mod*", um grupo cujos membros tinham uma especial preocupação com penteados e roupas (esculturas de cabelos penteados para trás, roupas impecáveis, sapatos de dança). Nessa época eu não pensava na possibilidade de ingressar numa universidade, uma idéia que nunca tinha sido mencionada em minha casa, coisa que um McGinn jamais fizera antes. Os meus professores esperavam que eu me tornasse professor de educação física, por causa de minhas habilidades esportivas e da minha moderada aptidão para o aprendizado da literatura. Eu pensava em me tornar um acrobata de circo ou um percussionista profissional. Mas um dia na escola nos perguntaram se queríamos tentar ingressar numa universidade, e eu achei que valeria a pena tentar. E, de qualquer modo, importantes mudanças já estavam se processando no meu desenvolvimento mental. A minha vida começava a se tornar mais intelectual, ao menos parte dela. Até então, a minha principal preocupação tinha sido desenvolver coordenação física através do esporte e da bateria, mas agora a minha mente também principiava a ansiar por atividade. Era como se um botão estivesse sendo ligado: os circuitos começaram a funcionar.

Caíra sob a influência de um professor, o sr. Marsh, que me ensinou teologia de nível avançado. Eu já ficara muito impressionado com as aventuras intelectuais descritas no *Retrato do artista quando jovem*, de James Joyce, da nossa bibliografia de inglês de nível avançado (a minha terceira matéria de nível avançado era economia). Mas o sr. Marsh despertou em mim um interesse por estudar e pensar, particularmente sobre religião e teologia. Era um professor rigoroso, mas bondoso — um cristão devotado, apaixonado pelos seus alunos. Ao recordar como ele era, vejo um homem que adorava estudar e adorava a vida acadêmica (sua palavra favorita era "acadêmico"), mas que não teve competência para se tornar um professor universitário. Falava do seu tempo na universidade como se estivesse se referindo a um paraíso real, os olhos flamejantes com o entusiasmo da lembrança. Ensinava-nos a Bíblia com intensa dedicação, mas não fazia proselitismo — sentia uma fascinação genuína pelas questões teológicas. Ocasionalmente mencionava os filósofos, quando debatíamos alguma questão controversa — que podia ser a plausibilidade do filho da virgem —, e foi então que pela primeira vez ouvi falar de Descartes.

Descartes me foi assim descrito: um sujeito sentado junto ao fogão num dia frio de inverno, questionando tudo, inclusive o mundo exterior e a existência de outras mentes que não a sua. Tudo que restara era o seu próprio eu como um ser pensante. Isso tinha o objetivo de demonstrar a inutilidade da dúvida e a importância da fé: se você duvidava dos eventos bíblicos, acabaria duvidando de tudo. No final da vida, o sr. Marsh argumentou triunfantemente, Descartes só acreditava na sua própria existência como uma mente solitária — que é para onde a dúvida o levaria! Isso era muito estranho — drasticamente contrário ao bom senso —, e ainda assim parecia haver uma lógica nas questões de Descartes, sejam quais fossem suas implicações para a religião (de fato, o sistema de Descartes repousa centralmente em Deus, mas o sr. Marsh nunca mencionou isso).

Como conseqüência dessas intromissões filosóficas, comecei a folhear alguns livros de filosofia elementar (se é que isso existe). Naturalmente estava querendo muito saber se a existência de Deus podia ser explicada em termos racionais, principalmente porque nessa época eu me considerava um adepto do cristianismo: não que tivesse sido criado assim, mas o entusiasmo com o qual o professor Marsh nos ensinava a Bíblia me levou a adquirir essas crenças. E uma vez que você acredita em Deus, com tudo que essa crença implica, sua curiosidade é despertada para seus fundamentos intelectuais. Seria somente uma questão de fé cega ou a existência de Deus podia ser provada? E a formulação dessa pergunta rapidamente leva a toda a questão do que é uma justificativa afinal, assim como questões sobre conhecimento, certeza, livre-arbítrio e a origem do universo. Deus pode ser ou não um filósofo, mas certamente é responsável por muita filosofia.

E foi aqui que a minha primeira revelação filosófica ocorreu. Eu estava sentado no meu quarto frio, sem aquecimento, em Blackpool, a minha bateria encostada num canto, lendo sossegadamente um livro que defendia a existência de Deus (não me lembro agora que livro). Deparei-me com algo chamado "argumento ontológico", criado por Santo Anselmo de Cantuária, na Idade Média. Achei a argumentação difícil de acompanhar, mas absolutamente fascinante (grande parte da filosofia é assim). Ficava lendo as palavras repetidas vezes, tentando absorver seu significado, enquanto meus pés iam ficando mais gelados. Eu sentia que a minha mente estava sendo aprisionada pela razão abstrata e carregada à força pelo poder da lógica. O argumento ontológico diz o seguinte: por definição, Deus é o ser mais perfeito que se pode conceber. Ele reúne todas as virtudes em uma entidade — absolutamente boa, perfeitamente sábia, infinitamente poderosa. Esse é exatamente o significado que damos à palavra "Deus", e aparentemente podemos lhe dar esse significado, quer Deus exista realmente ou não. Como Anselmo explica,

Deus é definido como o ser "ao qual um superior não pode ser concebido". Isto é, *se* Deus existe, então por definição ele é a soma de todas as virtudes — assim como se um unicórnio existisse ele teria um único chifre. A questão levantada por alguém que duvida da existência de Deus é se existe algo na realidade que corresponda a essa definição. Sim, Deus *seria* o ser mais perfeito que existe, *se* existisse: mas será que ele existe? Afinal de contas, eu posso estabelecer que a palavra "Dous" significa "o indivíduo que pode dar um salto no ar de mais de 90 metros, descalço, sem a mínima dificuldade", mas isso não quer dizer que Dous exista realmente — e de fato não existe uma pessoa como essa, esse Dous não existe. Poder-se-ia pensar que a questão da existência de Deus é semelhante; conhecemos a definição da palavra "Deus", mas o que não sabemos é se existe alguma coisa na realidade que corresponde a essa definição. Um agnóstico que duvida da existência de Deus certamente sabe muito bem o que a palavra "Deus" significa — assim como todos sabemos o significado de "unicórnio". Então pelo menos poder-se-ia pensar que o ateísmo é uma posição logicamente consistente; não é o mesmo que afirmar que os triângulos não têm três lados, o que é falso por definição. A questão da existência de Deus é uma questão factual, não de mera definição.

Mas, Anselmo afirma, isso está errado: afinal de contas, o ateísmo *não* é uma posição logicamente consistente. Por quê? Porque estamos esquecendo que Deus é definido como o ser mais perfeito que se pode conceber em *todos* os aspectos — e não é melhor existir do que não existir? Se Deus não existe, então lhe falta o atributo da existência; mas, se é assim, não seria ele menos perfeito do que um ser semelhante que tem esse atributo? Escolha dois seres semelhantes em suas virtudes, exceto que um existe e o outro não existe: o ser existente não tem mais virtudes do que o ser não-existente, uma vez que ele ao menos existe? Não existir é uma espécie de falha, uma carência, mas Deus é *definido* como o ser que nunca falha, que não carece de nenhuma qualidade positiva, que tudo compreende, que tudo tem. Esse ser *tem* de existir, ou então não possui todas as qualidades positivas. Portanto a existência de Deus se depreende de fato da definição de Deus, ao contrário do meu exemplo de Dous, o saltador de grandes alturas que não existe. Uma vez que sabemos o que a palavra "Deus" significa, conseqüentemente sabemos que Deus existe, já que o que queremos dizer com Deus é simplesmente o ser mais perfeito, e a existência é uma das perfeições. A existência é um atributo que intensifica ou eleva o grau de perfeição de uma entidade, de modo que o ser mais perfeito que se pode conceber tem de possuir esse atributo.

Considere a idéia da entidade mais poderosa que se pode conceber: essa entidade não *tem* que existir pela simples razão de que não existir é uma redução drástica do poder de uma entidade? Expondo o argumento na forma clássica resumida na qual o encontrei pela primeira vez: Deus é definido como o ser ao qual um ser superior não pode ser concebido; mas a existência é um atributo que contribui para a grandeza; portanto Deus existe. Deus existe então pela virtude do significado das palavras, como uma espécie de necessidade conceitual; desse modo, não é logicamente coerente duvidar da sua existência, como se isso pudesse ser um assunto diferente do significado que conferimos à palavra "Deus". A existência de Deus é logicamente necessária, uma questão de pura definição, não de contingência factual. Portanto o caso de Deus é bem diferente do caso do unicórnio, cuja definição não implica sua existência.

Agora, esta é uma espantosa obra de raciocínio. Pretende estabelecer por meio de rigoroso argumento lógico que a existência de Deus não pode ser sensorialmente negada. Não é necessário apelar para um auto-de-fé ou especulações sobre como o mundo começou, ou para a ocorrência de milagres: conseguimos de graça a existência de Deus, como uma questão de pura razão. Para alguém como eu, com dezoito anos, pelejando com a questão da existência de Deus, isso parecia chocante. A existência de Deus resultava tão sólida quanto o fato de que quatro é o próximo número inteiro depois do três. Mas à medida que estudava o argumento, relendo-o, tentando sondar sua estrutura (meus pés cada vez mais frios), senti vagamente que de algum modo o raciocínio era engenhoso demais, tornando a questão da existência de Deus fácil *demais*, tornando a fé irrelevante. De modo que, embora tenha ficado durante algum tempo impressionado e obcecado com o argumento, ficou em mim um sentimento perturbador. A filosofia tem muito disso: cativante, momentosa, mas também preocupante, atormentadora.

Penso que o que realmente me balançou naquele dia foi a percepção do poder da razão — de como o pensamento lógico pode produzir resultados significativos, surpreendentes. Não que eu ainda acredite que o argumento ontológico é consistente, embora não considere que exista algo *obviamente* errado nele. Mas é um argumento fascinante, simples, porém complexo, e não fico de modo algum surpreso com o impacto que exerceu sobre o meu ser de dezoito anos. Naquele dia descobri que queria saber mais sobre o ofício da filosofia. Independentemente de tudo, o argumento era simplesmente de uma *engenhosidade* insultante. Imagine como Anselmo deve ter se sentido no dia em que produziu esse argumento; deve ter caminhado semanas seguidas em torno de Canterbury, entorpecido de excitação e admiração. (Não existiu, infelizmente, nenhum Santo Anselmo de Blackpool, cujo santuário eu pudesse visitar.) Na verdade o argumento foi amplamente aceito pelos principais filósofos que sucederam Anselmo, de tal modo que podemos considerá-lo um dos argumentos filosóficos mais influentes da história. O que também me impressionou naquele dia hibernal em Blackpool foi o fato de a minha mente poder entrar em contato com a mente de grandes pensadores do passado e se afastar das tediosas vulgaridades da cidade costeira na qual por acaso eu vivia. Esse dom de transportar, tão peculiar da filosofia, sempre permaneceu comigo, e eu o sinto agora mesmo, enquanto digito estas palavras (aqui em uma cidade à beira-mar nada glamourosa: Mastic Beach, Long Island). A filosofia pode elevá-lo e levá-lo para bem longe.

Mais ou menos nessa época comecei a ler livros de C. E. M. Joad, por sugestão do professor Marsh. Joad escreveu livros de filosofia acessíveis para o público geral e costumava falar na rádio BBC, nos anos 50. Ele não era um filósofo original, mas derivava a maior parte de suas idéias das de Bertrand Russell, sobre quem falarei mais adiante. (Certa vez pediram a Russell que escrevesse um prefácio de louvação para um livro de Joad, e ele impacientemente replicou: "A modéstia me proíbe.") Joad tinha paixão pela percepção e era um devoto do "argumento da ilusão". O que está em questão é se vemos realmente objetos físicos no espaço exterior ou apenas itens subjetivos na nossa mente. Supomos normalmente que vemos objetos físicos o tempo todo e que os tocamos. Vemos trens e barcos e aviões e tocamos maçanetas de portas, copos e corpos. O que poderia ser mais óbvio e razoável? Mas durante séculos os filósofos estiveram convencidos de que isso era apenas um erro vulgar, uma mera maneira de falar que ocultava a verdade sobre a percepção. O que percebemos realmente são elementos da nossa mente — diversamente chamados de dados sensoriais, impressões, experiências, representações. A percepção não é uma faculdade que desvela os padrões do mundo físico localizado fora da nossa mente; pelo contrário, ela está confinada a um conjunto puramente interior de itens mentais. A única realidade que percebemos literalmente é uma realidade virtual, um mundo sombreado de sensações passageiras. Daí a descrição dos filósofos da visão comum da percepção como "realismo ingênuo": não percebemos realmente os objetos físicos tanto quanto se o sol realmente nasce ou se a terra é de fato achatada — são apenas ilusões ingênuas. O que percebemos está dentro de nós, não fora, como ingenuamente pensamos.

Por que alguém rejeitaria o bom senso dessa maneira? Eis o argumento básico, proposto com muita força e clareza por Joad, seguindo uma longa tradição. Reflita sobre as ilusões e alucinações, tais como ver uma vareta reta parecer dobrada na água ou imaginar ratos púrpura sob efeito de LSD. A vareta parece dobrada exatamente como uma vareta dobrada de fato pareceria, e os ratos púrpura parecem exatamente como ratos púrpura de verdade pareceriam, caso existisse algum. A ilusão é precisamente uma imitação da realidade, motivo pelo qual ela pode envolvê-lo. Portanto não há diferença subjetiva entre percepção ilusória e percepção real ou "verídica": o mundo lhe parece de determinado modo e essa imagem pode ser ilusória ou verídica, dependendo se o mundo é realmente como parece ser. De um ponto de vista subjetivo, não há diferença entre o punhal alucinado de Macbeth e um punhal de verdade — razão pela qual as ilusões podem ser tão assustadoras quanto as coisas reais. Porém, no caso alucinatório, você não vê nenhum objeto físico real — não *há* um objeto no mundo exterior que corresponda à sua experiência. No entanto, você certamente experimenta algo, sua mente não está em branco — as coisas parecem estar de determinada maneira. Então, nesse caso, você deve estar vendo algo que não é um objeto físico, e este algo deve ser de natureza mental. Chame esse algo de "dado sensorial": então pode-se dizer que você enxerga dados sensoriais de varetas dobradas, de ratos púrpura e de punhais, mesmo quando você na verdade não enxerga nenhuma dessas entidades físicas. Você percebe a aparência subjetiva das coisas, não as coisas em si, já que elas não estão ali para serem percebidas. O que você tem consciência em um caso de ilusão ou de alucinação é dos dados sensoriais internos imateriais, não dos objetos físicos. Mas então, como observamos antes, não existe diferença subjetiva entre o caso ilusório e o caso verídico: os objetos parecem os mesmos em ambos os casos; nossa experiência é a mesma; não conseguimos distinguir uma coisa da outra. Isso não significa que devemos estar cientes dos dados sensoriais também no caso verídico comum? Quando se "vê" um punhal verdadeiro, nós vemos um dado sensorial de um punhal; simplesmente porque existe um punhal real ali que equivale ao seu dado sensorial similar a um punhal que é diretamente experimentado. Então o que se percebe imediatamente é sempre o dado sensorial, não a matéria verdadeira. Daí que não se vê nenhum objeto físico diretamente, apenas suas representações em forma de dados sensoriais mentais. É como tentar uma audiência com o chefe de Estado e só conseguir chegar aos seus emissários. A sua percepção direta se detém no nível dos dados sensoriais e não atinge e se apodera de fato dos objetos físicos. Talvez se possa dizer que percebemos os objetos físicos *indiretamente*, como quando vemos meros reflexos no espelho ou as pegadas de alguém na neve. Mas não são eles que estão imediatamente diante de sua mente, quando temos uma experiência visual. O que está imediatamente diante de nossa mente é a nossa própria mente — seu presente conteúdo sensorial.

Esse é um resultado alarmante. Restringe nossa percepção ao nosso próprio ser subjetivo, separando-nos do mundo dos objetos físicos com os quais ingenuamente pensávamos estar em contato. A consciência nos faz conhecer apenas o seu conteúdo, um jogo de imagens sobre uma tela mental. Quando me deparei com esse argumento pela primeira vez, ficava fitando a mobília ao redor e forçava a mente para tentar percebê-la, penetrar o limiar dos dados sensoriais; mas me vinha a sufocante sensação de que estava apenas contemplando mais intensamente aquilo que estava dentro de mim — meu próprio mundo subjetivo, não o mundo público comum em que acreditara até aquele momento.

Havia na melhor das hipóteses uma correspondência entre o mundo subjetivo que eu estava vivenciando e o mundo físico ulterior, mas não havia meios para sair do meu mundo subjetivo e verificar se a correspondência entre eles realmente existia — já que não tinha acesso direto aos objetos físicos que supostamente correspondiam aos meus dados sensoriais. De certo modo era como se eu descobrisse que era cego: eu não enxergava objetos físicos! Nem podia tocá-los, prová-los ou cheirá-los. Meu mundo encolhera a ponto de se tornar apenas o meu eu consciente. Suponho que estava tão auto-absorto quanto a maioria dos adolescentes, mas isso era demais. Eu perdera o mundo, ou melhor, eu nunca o possuíra, para início de conversa.

E a partir daí foi ficando cada vez pior. Se nunca percebemos os objetos físicos, como podemos ter certeza de que eles realmente existem? Certamente não por meio da percepção. Em geral pensamos que podemos saber o que tem dentro de um quarto ao darmos uma olhada nele. Mas não: tudo que determinamos desse modo são os dados sensoriais que possuímos após receber os dados sensoriais do quarto que foi olhado; os objetos permanecem alucinadamente fora de alcance. É apenas um pulo disso para um ceticismo cartesiano de poder industrial plenamente desenvolvido: tudo que sabemos que existe são nossos próprios estados subjetivos e não os objetos que supostamente se encontram ali fora, no mundo físico exterior. De fato, o que nos dá o direito até de acreditar que *existe* um mundo físico exterior? Não seria possível que os dados sensoriais não correspondessem a absolutamente nada do exterior? Não seria possível que tudo não passasse de um sonho? Descartes nos pediu que imaginássemos um demônio maligno que produziu dados sensoriais na nossa mente, mas certificou-se de que nada jamais lhes corresponderia, de modo que todo o curso da nossa experiência sensorial seria uma prolongada ilusão. Como podemos desconsiderar essa possibilidade? Não apelando meramente aos dados sensoriais, já que eles seriam os mesmos, quer fossem causados por objetos físicos ou pelo demônio maligno. Como você até sabe que tem um corpo? Como pode ter certeza de que não passou a existir há cinco segundos, todo equipado com uma ampla gama de pseudomemórias? O conhecimento parece se reduzir aos estados interiores de um eu momentâneo.

Uma versão atualizada do demônio maligno de Descartes seria o cenário do "cérebro preservado em laboratório". Supomos aqui que nossos cérebros foram retirados das nossas cabeças por cientistas alienígenas possuidores de avançada tecnologia cerebral. Os cientistas depositaram os cérebros em cubas nutrientes, dentro de pequenos e ordenados cubículos, com o nome de cada um de nós escrito em cada um deles. Depois eles plugaram os cérebros a uma máquina que envia impulsos elétricos ao nosso sistema nervoso, que os transforma em dados sensoriais: vivenciamos coisas que são familiares, mas sempre por meio desses estímulos elétricos. Dessa maneira, você pensa que está num bar em Nova York conversando com os amigos, quando na verdade está retido num recipiente de laboratório em algum lugar de Cleveland, alucinando tudo isso. O que os cientistas estão fazendo é produzir em você uma mera simulação do mundo físico comum — um mundo virtual de dados sensoriais brutos. Eles também monitoram com habilidade as nossas decisões de mover o corpo (que foram sistematicamente anuladas) e nos fornecem informações sensoriais que equivalem ao que decidimos fazer. Se decido pegar uma cerveja na geladeira, eles me fornecem a sensação de meus membros se movendo e uma cozinha se tornando visível e uma porta de geladeira se abrindo, de modo que não tenho como avaliar qual é a minha condição verdadeira. Sinto a garrafa na mão e depois a cerveja descendo pela garganta, mas na verdade não existe cerveja, nem mão, nem garganta nenhuma — apenas um cérebro com uma série de cabos plugados nele e um gigantesco computador zumbindo num canto. A terrível pergunta que se apresenta em seguida é: como sei que não sou *agora* um cérebro dentro de um recipiente? Caso eu fosse, as coisas não pareceriam diferentes para mim, ou seja, o modo como as coisas parecem não serve para descartar a hipótese do recipiente. Pode ser que neste exato momento eu seja apenas um cérebro imóvel alimentado pela ilusão de que sou uma pessoa que anda e que fala, em contato com objetos físicos reais. Talvez eu nunca tenha encontrado um objeto físico na minha vida, inclusive aqueles que chamamos de pessoas. Talvez o solipsismo esteja certo e eu esteja completamente sozinho com meus dados sensoriais. Talvez todo o universo seja apenas um muro resplandecente de ilusão, sendo a minha consciência a única realidade. Quando eu me for, tudo se vai, já que não *existe* mais nada.

Foi com satisfação que vi recentemente essa visão aterrorizante convertida na estrutura de um filme de ficção científica, o *Matrix*. Neste filme, seres humanos imobilizados estão empilhados em cubículos que chegam a quilômetros de altura, e plugados a computadores que geram nos seus cérebros uma simulação do mundo real. As máquinas fizeram isso conosco para obter nutrientes do corpo humano; fomos transformados em alimento de computador, agroindustrializados. Aceitamos essa forma de parasitismo pois não sabemos que essa é a realidade, já que tudo nos *parece* perfeitamente normal. Apenas um pequeno grupo de rebeldes sabe o que verdadeiramente se passa, e eles têm o propósito de libertar a humanidade. A premissa maior do filme é que, se fosse essa a nossa condição, não saberíamos disso: o Matrix nos manteria iludidos. Eu poderia imaginar que os realizadores do filme cursaram uma ou duas disciplinas de filosofia na faculdade e desde então sentem-se perseguidos pelas possibilidades sonhadas pelo ceticismo cartesiano. E todo o movimento contemporâneo em direção a máquinas de realidade virtual depende da possibilidade de simular o mundo real, desconectando desta maneira como as coisas se parecem de como elas realmente são. Afinal de contas, o que vivenciamos é resultado dos sinais que atingem os nervos sensoriais e ativam porções do cérebro; se temos a capacidade de reproduzir esses sinais sem auxílio dos objetos físicos reais, então podemos simular a experiência desses objetos sem nos preocuparmos em absoluto com a realidade. No que diz respeito à experiência, a realidade pode ser dispensada, ao menos como uma questão de princípio.

Mais uma vez, o que me impressionou nos meus dezoito anos em relação a esses argumentos foi o poder da razão de invalidar suposições que eu tinha como certas. Não que eu hoje concorde com esses argumentos, mas são certamente bastante lógicos — e mexem com uma parte central de nossa visão comum do lugar que ocupamos no mundo. As nossas crenças adquiridas do senso comum não são tão racionalmente inexpugnáveis quanto supúnhamos, antes de questionar seus princípios. O argumento da ilusão é como uma gigantesca onda de raciocínio que o despeja numa praia estranha e desconhecida, deixando-o estimulado, porém perturbado. E perceba como esse argumento combina com o argumento ontológico: descobre-se que a razão pode provar logicamente que Deus existe, mas também nos leva a concluir que não podemos saber se o mundo comum de mesas e cadeiras existe. Pensávamos que era possível questionar racionalmente a existência de Deus, mas o mundo exterior era sólido como rocha. No entanto, a razão nos informa que podemos ter mais certeza da existência de Deus do que da existência do nosso vizinho. As divindades são mais definitivas do que mesas e cadeiras! Posso ter certeza de que existo e de que Deus existe, mas tudo o mais é questionável. Quem sabia que era assim? O que me iniciou na estrada da filosofia foi querer saber se isso é mesmo assim; os argumentos pareciam convincentes, mas seriam realmente tão convincentes quanto pareciam? Queria entender melhor os argumentos para poder decidir em que acreditar. O que estou enfatizando agora é o impacto que esses argumentos tiveram sobre a minha mente receptiva de adolescente — como me fizeram *pensar*. Comecei a compreender que mesmo a crença mais familiar poderia ser um equívoco, um mero preconceito — que tudo tinha de estar aberto à análise racional. Se isso era verdade em relação à crença no mundo exterior, quanto mais não seria verdade para uma série de crenças sociopolíticas alçadas à categoria de evangelho? Como tudo isso se passava no final dos anos 1960, uma época de revisão e de revoluções, o meu sentimento de que tudo podia ser questionado foi ainda mais intensificado (embora deva dizer que nessa época eu não era politicamente engajado).

Acho que foi nessa época que também me senti atraído por Freud, porque o poder da razão podia estabelecer o não-óbvio, embora eu não consiga lembrar agora o que me levou a ler seus livros. Freud, como todos sabem, postulou a existência de uma mente inconsciente operando por baixo dos panos, responsável por algumas das excentricidades da vida consciente. Os sonhos, por exemplo, possuem um determinado conteúdo que podemos lembrar ao acordar, mas freqüentemente parecem sem sentido e confusos, como um código que não conseguimos decifrar. Freud propôs dar sentido a esses hieroglifos do sonho, postulando uma realidade mental oculta, com sua própria lógica e agenda — como fez com os sintomas neuróticos, atos falhos, chistes e assim por diante. Ao analisar esses fenômenos e aplicar construtos teóricos apropriados, ele torna o incoerente inteligível, revelando que o fenômeno superficial é apenas a manifestação exterior de uma coerente realidade oculta. Freud utilizou a razão para fazer com que o irracional parecesse razoável. Ao ler os livros de Freud, com dezoito anos, senti o prazer que existe na atividade de *dar sentido*.

Estritamente falando, Freud não era um filósofo, embora compartilhasse com eles o impulso de pressionar a razão até onde ela agüentasse, uma disponibilidade para questionar e o desejo de descobrir o que existe por trás das aparências. Foi Freud quem primeiro despertou meu interesse pelo funcionamento da mente, que se tornou meu principal objeto anos depois. E foi Freud quem me levou a decidir estudar psicologia numa universidade. Apesar do meu crescente interesse pela filosofia durante o último ano do colegial, não me inscrevi no curso universitário de filosofia pelo simples fato de que absolutamente não sabia que ela podia conduzir de fato a um emprego. Naquela época, jamais passara pela minha cabeça a idéia de me tornar um acadêmico — não tenho certeza nem se sabia o que um acadêmico era —, e portanto precisava me formar em algo que pudesse resultar em um emprego remunerado. A psicologia oferecia essa possibilidade: pensei em me tornar um psicólogo educacional ou um clínico, e a minha leitura de Freud me fez pensar que a psicologia oferecia a satisfação intelectual que eu buscava. Sabia que podia estudar filosofia como uma disciplina complementar, e isso parecia o bastante. Eu era, afinal de contas, o primeiro membro da família McGinn a tentar entrar numa universidade e parecia irremediavelmente impraticável escolher o curso de filosofia, entre todos. Intensificava meus esforços para me inscrever em psicologia, em vez de economia, que era considerada uma opção muito mais prática pela minha família e meus professores. (Meu pai esperava que eu me tornasse um agrimensor no mercado de construção civil, devido à minha habilidade com a matemática, mas essa idéia foi deixada de lado.)

Não obstante eu tinha de chegar à faculdade e não estava me saindo exatamente bem na escola. Economia era a matéria em que eu era mais fraco, na qual eu não estava longe do pior da classe. Foi então que me veio à mente uma idéia inovadora: em vez de apenas escutar os professores na sala de aula, eu podia estudar por conta própria um livro didático em casa. O professor Marsh nos tinha dado algumas dicas de como estudar — fazer anotações, reler, ensaiar o que aprendeu com as próprias palavras — e me apliquei ao estudo de um livro de economia com essas indicações rudimentares em mente. Nessa época, eu entregava jornais de manhã cedo (para poder pagar a minha bateria de segunda mão) e estudava economia no intervalo entre o término desse serviço e o começo das aulas. Fiz isso durante algumas semanas e, no exame seguinte de economia, tirei a terceira maior nota da classe. Funcionara! Fiz o mesmo com teologia e inglês, na verdade aprendendo por conta própria, dedicando-me, e quando chegou a época dos exames de nível avançado, fui capaz de tirar um A e dois Bs (o A em economia). Nada fora do comum, admito, mas considerando onde eu tinha começado há apenas alguns meses, não estava nada mal. E com essas notas fui aceito na Universidade de Manchester para estudar psicologia. Era o primeiro McGinn que cursaria uma universidade e eu estava contente por sentir que poderia estudar assuntos que me interessavam pelos próximos três anos. Havia passado de atleta colegial malsucedido para intelectual de bolso em menos de um ano, e a filosofia era em grande parte culpada disso.

Enquanto isso, antes de chegarmos à universidade na minha história, imagine-me sentado num banco, observando uma caixa de correio inglesa em um dia primaveril e de forte ventania em Blackpool. Estivera lendo nos últimos dias sobre a questão da substância e das qualidades, e me encontrava adequadamente transfigurado. Seria um objeto apenas a soma de suas qualidades ou teria uma existência que de algum modo transcendia suas qualidades? A caixa de correio tinha uma variedade de qualidades — era vermelha, cilíndrica, metálica etc. —, mas parecia ser mais do que apenas o conjunto delas; ela era uma *coisa*, uma "substância", que *tinha* essas qualidades. Estaria ela de alguma maneira por trás dessas qualidades, sustentando-as como às fundações de uma casa? Caso afirmativo, como seria essa coisa subjacente — que qualidades teria? Se tivesse algumas qualidades, não surgiria o mesmo problema novamente, já que também teria de ser distinta *dessas* qualidades? Como poderia existir algo desprovido de qualquer qualidade? Então talvez devêssemos afirmar que a caixa de correio não é nada mais do que as qualidades que ela manifesta. E todavia como pode um objeto ser apenas um conjunto de qualidades abstratas? Não é mais sólido e concreto do que isso? Sentia-me confuso e continuar olhando para a caixa de correio não estava me ajudando. Fiquei repetindo essas palavras na minha mente (e lembro-me disso tão claramente, mais de trinta anos depois): o objeto é algo além das suas qualidades ou não? Tinha uma vaga imagem mental de alguma coisa cinza e amorfa que constituía a caixa de correio subjacente, a qual suas diversas qualidades manifestas estavam misteriosamente atreladas. Mas isso parecia fugidio e peculiar, uma invenção ou monstro filosófico. Entretanto, logo que substituí essa imagem indistinta pelas próprias qualidades, tentando pensar que a caixa de correio era apenas um "pacote de qualidades", o próprio objeto parecia desaparecer. Estava nas garras de um problema caracteristicamente filosófico, no qual a mais simples das questões gera incertezas conceituais. Eu não sabia nem o que era um objeto! Dúvidas dessa natureza permaneceriam comigo como uma espécie de perturbação mental contínua, mesmo quando me dedicava a assuntos mais práticos.

CAPÍTULO DOIS

Da Psicologia à Filosofia

MUDEI-ME DA BLACKPOOL DOS VENTOS PARA A CHUVOSA MANchester no outono de 1968, com todas as ansiedades normais de um menino provinciano indo para a universidade pela primeira vez. Hospedaram-me na casa da sra. Readyoff, minha senhoria, com dois outros rapazes, dividindo um quarto com um estudante de eletrônica, originário de Wigan, que tinha um sotaque ainda mais carregado que o meu. A sra. Readyoff preparava fartas refeições gordurosas servidas pontualmente às cinco da tarde e passávamos as noites batendo papo e estudando (não havia televisão na casa). Eu me matriculara para o bacharelado em psicologia, com um curso suplementar de introdução à filosofia. Havia também um curso obrigatório de uma outra língua, o que transformou parte de minha vida num inferno. Para continuar na universidade, todos tinham de estudar uma língua estrangeira e passar nos exames finais. A maioria dos alunos cursava francês, a opção mais fácil, uma vez que já tinham estudado essa língua no nível básico. Mas a minha moderna escola secundária em Blackpool não oferecia francês básico, e eu portanto desconhecia por completo o idioma; em vez disso, tive aulas de carpintaria básica. Pensando que o italiano seria adequado para alguém como eu, com pouco conhecimento de línguas, me inscrevi para aprendê-lo do bê-a-bá. Não poderia ter cometido um erro maior. Quando o semestre já havia começado, descobri que o curso de francês destinava-se aos alunos que tinham dificuldade para aprender idiomas mas que precisavam preencher o requisito obrigatório, enquanto o curso de italiano era para poliglotas que desejavam acrescentar uma nova língua à sua bagagem, e a maioria dos outros alunos da classe estava estudando francês ou espanhol como matéria principal. Esperava-se que dominássemos toda a gramática e o vocabulário italianos no primeiro período de dez semanas, com aulas de uma hora, duas vezes por semana; e no segundo período, tínhamos de estudar um romance italiano do século XIX (*Il Cappello del Prete*), para o qual não existia tradução inglesa. Tenho de confessar que foi incrivelmente difícil. Fui muito mal no final do primeiro período, o que não me surpreendeu nem um pouco, apesar do apoio do generoso professor da disciplina. Tive então de encarar a perspectiva de ser expulso da universidade, caso não passasse no exame de fim de ano. Por conseguinte, passava a maior parte do tempo estudando italiano, decorando a gramática e o vocabulário — não sendo a memorização o meu forte na melhor das circunstâncias. Durante a aula, o professor sempre virava para mim e perguntava, "*Che ora è, Signor McGinn?*" ("Que horas são, sr. McGinn?"), e eu respondia gaguejando em italiano, para alegria de todos os presentes. Auto-estima? Não naqueles dias.

Havia também a obrigatoriedade de relatórios semanais do laboratório de psicologia, de modo que no final quase não tinha tempo para a filosofia, que eu muito ansiava estudar. Felizmente passei na prova de italiano no final do ano, por conta de um tremendo esforço pessoal (dentre algumas opções, a prova incluía a tradução para o italiano de uma difícil passagem de *Ulisses*, de James Joyce). Ainda acho que ter dominado o italiano ao longo daquele ano foi a tarefa intelectual mais difícil que realizei em toda a minha vida, e desde então nunca mais me deparei com um cardápio escrito em italiano sem deixar de sentir um silencioso calafrio. Hoje já não lembro de quase mais nada, embora ainda conheça perfeitamente bem as regras de pronúncia; ao menos sei pronunciar corretamente *cognoscenti*, uma palavra útil no meu campo de trabalho.

Os meus estudos progrediram durante o segundo ano em Manchester, relativamente falando. Acabei indo morar sozinho numa quitinete minúscula e deprimente, situada numa região turbulenta da cidade, pedalando para a universidade na chuva numa bicicleta que quebrava o tempo todo, mas ao menos eu tinha mais liberdade para estudar o que queria. Como não tinha nenhum dinheiro, não havia muito o que fazer, exceto ler e conversar (a pobreza estimula a aquisição de cultura?), e fiz amizade com algumas pessoas com inclinações semelhantes. Costumávamos ficar acordados até as quatro da manhã discutindo sobre a metodologia da psicologia, sorvendo canecas de café instantâneo, com os casacos colados ao corpo (sistemas de calefação eram caros demais). Nessa época eu cursava filosofia da ciência e pesquisava uma bibliografia muito mais abrangente de psicologia e filosofia. Mas havia um problema: eu me interessava demais por filosofia, mas não o suficiente por psicologia. A psicologia começava a se tornar um tanto maçante, enquanto a filosofia me fazia vibrar e me absorvia. No entanto, eu relutava em trocar de curso, mesmo sendo isso possível, porque sentia que não havia possibilidade de desenvolver uma carreira na área de filosofia, então tinha de continuar no curso de psicologia. Teria gostado de me graduar nas duas matérias, mas a Universidade de Manchester não permitia a graduação conjunta em psicologia e filosofia especificamente. Enquanto isso eu estava me saindo bem o suficiente em psicologia, sem achar que o curso fosse totalmente insatisfatório. Gostava especialmente de elaborar experiências e executá-las, desenvolvendo um interesse especial pela pesquisa visual — o processo pelo qual você escolhe um determinado estímulo em um cenário onde estão outros estímulos, como quando se procura um rosto familiar em meio à multidão. Mas meus interesses continuavam se voltando para as questões fundamentais e fui ficando cada vez mais frustrado, principalmente porque meus professores de psicologia tinham uma visão desfavorável da filosofia, que consideravam "não-empírica". Penso que me viam como um traidor da psicologia científica e desaprovavam minhas predileções filosóficas. De qualquer forma, decidi terminar meu bacharelado em psicologia e partir daí; assim, continuei com os testes de inteligência, a fisiologia do cérebro, os experimentos de tempo de reação, o curso de psicologia industrial.

Por algum motivo que não sei precisar, o diretor do departamento de psicologia, professor John Cohen, foi com a minha cara e sempre parava para conversar comigo quando nos encontrávamos. Na época, eu tinha dezenove anos e ele mais de sessenta, um sujeito que tinha muita cultura e amplos interesses intelectuais, baixo e parrudo como eu. Acho que ele percebia o meu entusiasmo intelectual e compartilhávamos o mesmo senso de humor. Ele ficou desapontado quando debandei para a filosofia, mas continuamos nos vendo até sua morte em 1986. Sentia imensa afeição por ele e muita gratidão pelo seu encorajamento e atenção (penso que fui o único aluno que ele convidou a sua casa). Ele me ajudou a confiar em mim mesmo. É difícil exagerar a importância desse tipo de contato entre aluno e professor; para que você acredite em si mesmo, alguém que você respeita tem de primeiro acreditar em você. Exercendo o magistério agora, tento manter os olhos abertos para os alunos que poderiam se beneficiar desse tipo de atenção e de encorajamento, ao mesmo tempo que evito favoritismos e "aconselhamentos" excessivos. Uma piscadela e algumas poucas palavras podem ser o suficiente. (Sempre chamei John Cohen de "professor", mesmo muito depois de ele deixar de ser meu professor. Minhas cartas começavam com "Caro professor"; não havia meio de eu conseguir chamá-lo de John e "professor" era uma espécie de camaradagem que existia entre nós.) Ele foi o primeiro intelectual sério que vim a conhecer de perto.

Além dessa presença real, havia uma outra presença remota na minha vida intelectual: Bertrand Russell. Tenho até dificuldade para avaliar como foi poderosa a influência de Russell sobre mim e provavelmente sobre muitos outros. Hoje em dia tenho uma visão muito mais crítica de sua obra, mas para mim, naquela época, ele representava um ideal de autoridade intelectual e moral. Ler sua autobiografia em três volumes foi uma das experiências formativas da minha juventude. Ela começa, memoravelmente: "Três paixões simples, mas avassaladoras, governaram a minha vida: a ânsia de amar, a busca de conhecimento e uma imensa compaixão pelo sofrimento humano. Essas paixões, como ventos fortes, sopraram-me de um lado para o outro, traçando um caprichoso curso sobre um profundo oceano de angústia, atingindo mesmo a beira do desespero." E segue por aí, embebida na mistura especial de paixão e precisão característica de Russell — ou, como poder-se-ia dizer de forma menos favorável, de loucura e de matemática. Os aspectos da escrita de Russell que mais me impressionaram eram a sua enorme capacidade intelectual, seu firme compromisso com a razão e seu estilo de prosa maravilhosamente translúcido. Ele fazia a vida mental parecer uma aventura heróica, não um confinamento monástico em bibliotecas empoeiradas. Os dez anos que levou para escrever o maciço *Principia Mathematica* (com A. N. Whitehead), trabalhando dez horas por dia, lutando com seu famoso paradoxo da classe de classes que não são membros de si mesmas, parecia uma expedição épica por terras desconhecidas, enregeladas, mas belas. Nada era medíocre nele. Eu admirava também sua perspicácia e honestidade; até seu sofrimento (que era profuso) parecia magnífico. Mais do que qualquer outra coisa, foi a leitura de seus textos que me convenceu que eu desejava me tornar um filósofo em tempo integral, de carteirinha. Além disso, Russell era uma figura pública e famosa, ganhador de um Nobel de literatura, pioneiro opositor das armas nucleares, orador regular no rádio e na televisão, um tormento para a classe política. Convenci-me de que queria conhecê-lo e fiz planos de viajar até o País de Gales, onde ele vivia, e pedir uma audiência durante os feriados da Páscoa. Mas ele morreu, aos noventa e seis anos, pouco antes de eu poder executar o meu plano, de modo que nunca pude conhecê-lo pessoalmente. Fiquei realmente triste quando soube de sua morte, com um sentimento de perda pessoal. Em seus escritos, sentia que ele se dirigia diretamente a mim. Cheguei a escrever para ele certa vez, pedindo conselhos sobre bibliografia; sua resposta foi uma carta ditada à sua secretária, infelizmente sem a sua assinatura, aconselhando-me a buscar campos variados do saber — eu a tenho guardada.

Existe uma outra explicação para o meu encantamento com Russell (a quem me referia como "BR", como se seu nome fosse sagrado demais para ser mencionado), algo que apenas recentemente me ocorreu. Sou filho dos anos 60, de modo que, enquanto amadurecia, o rock'n'roll atingia uma dominância cultural. Como a maioria dos jovens nessa época, me encontrava inteiramente absorvido pelo rock e por aqueles que o criaram — Elvis Prestley, Beatles, Rolling Stones, The Who e muitos outros. Como mencionei no primeiro capítulo, toquei bateria com uma banda (com meu irmão Keith) dos quinze aos dezoito anos e fazíamos apresentações nas igrejas locais e lugares assim. Sim, confesso, já dei autógrafo no braço de meninas. Muitas das estrelas do rock eram jovens operários e provincianos como eu, e era um estilo de vida que me atraía imensamente — com o qual podia facilmente me identificar (mais do que com ser um filósofo). Se a minha banda tivesse sido mais ambiciosa e feito mais sucesso, eu poderia ter realmente seguido uma carreira de baterista de rock. Mas a mentalidade do rock'n'roll permaneceu comigo muito tempo depois de ter parado de me apresentar ao vivo (ainda tenho uma bateria Premier em excelentes condições na minha sala), e meu encantamento por Russell está ligado a essa mentalidade de algum modo não muito claro. Russell levou uma vida de estrela da filosofia: fez com que a filosofia fizesse por ele o que a música fez por, digamos, John Lennon. Ambos eram figuras públicas, românticas, heróis da juventude, porta-vozes de críticas ao *establishment*, mestres da palavra. E assim como a vida de John Lennon exerceu um grande fascínio sobre o garoto dos anos 60 que eu era, o mesmo ocorreu com Bertrand Russell — embora com óbvias diferenças. Lennon e Russell eram eloqüentes, tinham talento, coragem e estilo. Ainda vejo a filosofia dessa maneira: não como uma busca empreendida por ratos de biblioteca alienados e desbotados, mas sim como uma vida de criatividade, compromisso e independência espiritual. A filosofia tem um quê *radical* — audaciosa, potente, fundamental.

O que foi feito das minhas crenças religiosas? Foi Russell quem extinguiu os últimos vestígios de religiosidade em minha alma. Eu já refletia sobre a existência humana com um espírito mais científico do que no tempo de escola, em parte devido ao estudo da psicologia — a estrutura do cérebro e seu papel indispensável no funcionamento da vida mental, as influências da hereditariedade e do ambiente na personalidade das pessoas, o elo evolucionário entre os animais e os seres humanos. A visão naturalista do homem contrastava com a imagem religiosa de uma alma imaterial que podia sobreviver à morte física e não estava sujeita às leis da natureza. A questão do livre-arbítrio também foi me deixando cada vez mais confuso, subentendida em toda a concepção cristã de mérito e culpa, recompensa e punição, céu e inferno. Como muitos outros antes de mim, por mais que tentasse não conseguia ver como reconciliar livre-arbítrio e determinismo: se toda ação humana é determinada pelas leis da natureza, de modo que toda decisão tem uma causa que a precede, como é possível que o arbítrio humano seja livre? Se o cérebro forma a mente e as ações cerebrais são determinadas por causas e leis que as antecedem, como seria possível existir essa liberdade de escolha? E se a personalidade é formada por uma mistura de hereditariedade e ambiente, como podemos afirmar que alguém é responsável pelo seu caráter, seja este virtuoso ou vicioso? Devido à sua crucial relevância para a idéia cristã de responsabilidade moral, não se tratava de um problema meramente intelectual para mim, e obsessivamente pensava sobre isso, dia e noite. Russell também enfatizou o papel da causalidade universal na determinação das ações humanas e defendeu abertamente o ateísmo como a única posição racional. Em seu famoso ensaio "Por que não sou um Cristão", ele investiga todos os argumentos clássicos sobre a existência de Deus e conclui que tanto existe motivo para acreditar no Deus Cristão quanto nos antigos e desacreditados deuses gregos. O argumento ontológico que tanto me encantara alguns anos antes foi rejeitado por Russell, por se sustentar na errônea idéia lógica de que a existência é um atributo como outro qualquer (um diagnóstico com o qual não concordo inteiramente agora, mas que na hora me pareceu bastante convincente). Ele também rejeitou o antigo argumento de que o universo requer uma causa inicial e de que Deus deve ser invocado para representar esse papel, pois também podemos perguntar o que ocasionou Deus, e isso nos encaminha para um vicioso regresso a causas iniciais. Mas esses argumentos apenas consolidaram um processo que já estava em andamento. Após alguns anos de uma crença razoavelmente fervorosa, a religião simplesmente não exercia mais atração sobre mim. Livrei-me dela como de uma pele velha; despelou-se de mim muito naturalmente, sem provocar nenhuma dor. E é claro, os incrédulos mais ferrenhos são sempre aqueles que a princípio acreditavam mais obstinadamente. Ainda admiro muitos dos ensinamentos de Jesus Cristo e considero sua vida um exemplo de algumas importantes verdades morais, mas há muito rejeitei a bagagem sobrenatural que acompanha a crença cristã. Até hoje não acredito em qualquer espécie de coisa sobrenatural — fantasmas, médiuns, telepatia, milagres, cura pela fé e assim por diante.

Russell também me apresentou ao que agora é conhecido, de uma forma um tanto equivocada, como "filosofia analítica". Originariamente, ele era um matemático e possuía uma profunda compreensão da ciência moderna. O seu trabalho mais importante foi sobre lógica matemática, sendo um dos seus principais arquitetos. Ele queria transportar esse tipo de rigor para as questões filosóficas tradicionais, tornando a filosofia mais semelhante à matemática e ao conhecimento científico e menos uma questão de especulação insubstancial. Assim a filosofia poderia se tornar uma disciplina mais ágil, na qual se poderia fazer verdadeiro progresso, em vez de ser um pântano de obscuridade e de discussões sem fundamento. Essa idéia me atraiu (apesar de que hoje eu hesitaria muito mais diante de um tal quadro cientificista da filosofia). Infelizmente, alguns dos trabalhos de Russell nessa área eram muito difíceis de entender, por causa do seu aparato técnico; *Principia Mathematica* consiste em três volumes de simbolismo virtualmente ininterrupto. De qualquer modo, parecia certamente uma obra rigorosa, mesmo que eu não conseguisse entender a maior parte do que estava escrito — nada de que se deva envergonhar intelectualmente. Sempre existiram dois lados na minha mente, que correspondem à minha dupla aptidão para matemática e inglês, e a filosofia matemática de Russell atraía o meu lado matemático. O lado literário da minha mente também deleitou-se com o estilo elegante e poderoso da prosa de Russell (embora seus esforços esporádicos na ficção não tenham sido bem-sucedidos, textos que mais parecem conferências romanceadas do que outra coisa). Tentei adotar sua perspectiva mental de ceticismo exaltado e precisão analítica, e até comecei a fumar cachimbo como ele fazia (ele com seus noventa anos e eu com vinte). Lembro-me bem do dia em que finalmente descobri qual era o seu fumo favorito, o Golden Mixture, e comecei a fumá-lo na esperança de me tornar tão inteligente quanto ele (isso não aconteceu e abandonei o mau hábito de fumar cachimbo um ou dois anos depois). Em suma, Russell tem muito a responder pela influência tão completa que exerceu na vida de um jovem rapaz das províncias do norte — e tudo feito por meio do poder da palavra escrita. Ele provavelmente me modelou mais do que qualquer outra influência em minha vida.

Nessa época, eu tinha um outro professor notável, o dr. Wolfe Mays, do departamento de filosofia. Encontrei-o pela primeira vez quando cursava a disciplina de filosofia da ciência, no segundo ano da faculdade. O professor Mays era um homem baixo, parecendo um elfo, com um dos maiores narizes que já vi num ser humano, narinas que tinham bem uns quatro centímetros de comprimento. Estava sempre vestido com um terno cinza-escuro, exibia um penteado displicente e tinha um sotaque que parecia um misto dos dialetos *cockney* e de Cambridge. Gostava de se gabar a respeito de sua relação com o famoso psicólogo suíço Jean Piaget, e certa vez subestimou a visita de John Cohen a Genebra, para estar com Piaget, considerando-a desprezível em comparação com seu relacionamento íntimo com o grande homem. Nós, os alunos, tínhamos realmente de fazer força para controlar os risinhos durante suas aulas — como quando o tamanco de madeira de alguém caía acidentalmente no chão e ele tirava os olhos de suas anotações, sobressaltado, e com mau humor gritava: "Entre!" Mas era um homem de considerável erudição, com um entusiasmo contagiante pelas idéias, e gostei dele logo de início (lembre-se, também sou baixo, com um semblante pontiagudo). Importava-se com seus alunos e era muito bondoso comigo, de um modo que parecia intencionalmente seco (ele sempre me chamava simplesmente de "McGinn"). Costumava visitá-lo no seu gabinete para um breve intercâmbio filosófico e nunca saía de lá sem uma pérola de alguma espécie dos seus ensinamentos.

Além de filosofia da ciência, o professor Mays era um devoto do existencialismo e da fenomenologia. No meu terceiro ano em Manchester, cursei uma matéria sobre *O ser e o nada* de Jean-Paul Sartre, principalmente porque o professor Mays a estava ensinando. Havia cerca de cinco alunos na turma, e líamos o livro em voz alta para depois discutir o que acabáramos de ler. Mas, vejam bem, esse é um livro difícil de entender, cheio de frases do tipo: "O Ser pelo qual o Nada chega ao mundo deve aniquilar o Nada no seu Ser, e ainda assim corre o risco de estabelecer o Nada como transcendente no próprio âmago da imanência, a não ser que impeça o Nada de estar em conexão com seu próprio ser. O Ser pelo qual o Nada chega ao mundo é um ser em que o Nada do seu Ser está em questão no próprio Ser." Entenderam? Mas o professor Mays resumia o excesso de palavras e nos dava uma paráfrase realista do que tínhamos acabado de ler sem compreender. O seu jeito característico de questionar era perguntando se sabíamos a diferença entre X e Y, como em: "Alguém sabe a diferença entre o para-si e o em-si?" O aluno atento poderia responder, "O para-si é a consciência humana e o em-si é o mundo das coisas inanimadas", e o professor Mays concordaria de modo explosivo: "É essa a diferença!" Dessa maneira, consegui avançar pela maior parte do texto de *O ser e o nada*, adquirindo um bom entendimento do seu conteúdo. E até me peguei começando a pensar em termos sartreanos. Isso tudo era muito confuso, porque um dos pilares da filosofia de Sartre sustenta que o homem é radicalmente livre, e eu acabara de concluir que o livre-arbítrio era uma ilusão. A verdade é que me senti impulsionado por ambos os pontos de vista e não sabia muito bem como os conciliaria; contentei-me com a posição intermediária de que somos livres em certo sentido, mas não em outro. Esse tipo de conflito é bastante comum na filosofia, sendo especialmente intenso nesse caso; a análise de Sartre da consciência humana como um vazio espontâneo parecia correta, e no entanto havia todos aqueles argumentos sobre determinismo e cérebro a ser considerados. Era tudo muito confuso.

A tese básica de Sartre é que a consciência humana consiste em sua percepção das coisas fora de si mesma: o ser do para-si consiste em sua relação com o em-si, usando o jargão sartreano. Para introduzir um outro termo técnico, do qual precisarei mais tarde, a consciência é essencialmente constituída por sua "intencionalidade". O conceito de intencionalidade não tem nada a ver em particular com a pretensão de realizar algo; é um termo técnico para a capacidade da mente de ter consciência *de* várias coisas. Se vejo um copo de água ou penso num copo de água ou desejo beber um copo de água, isso significa que a mente está apresentando intencionalidade em relação a copos de água: o copo de água é o "objeto intencional" dos meus diversos estados mentais, o objeto para o qual a minha mente está "direcionada". Sartre sustenta a tese de que cada ato de consciência envolve intencionalidade, de modo que sua essência é estar voltada para o que ela não é — "ela é o que não é" —, como ele polemicamente expõe. Mas então, ele argumenta, a essência da consciência deve ser o nada, já que nada resta quando os objetos intencionais são suprimidos da consciência. A consciência é puramente direcionada a objetos, sem natureza interna própria, sem uma essência intrínseca. Então é isso o que fundamentalmente somos como centros de consciência — nada. E é esse nada que se encontra na raiz da nossa liberdade: sendo a consciência nada, não temos natureza; somos apenas o livre desempenho da consciência sobre o mundo —

uma consciência espetada, por assim dizer. Existe sempre uma distância entre consciência e aquilo de que ela está consciente, já que a consciência não se reduz inteiramente aos seus objetos, e nessa distância repousa a nossa liberdade. Daí o lema existencialista: "A existência precede a essência". Somos antes de tudo liberdade bruta e somente adquirimos uma natureza como resultado das nossas escolhas. A personalidade é escolhida.

Há muito mais que eu poderia dizer sobre essa filosofia, em grande parte de forma crítica, mas acho que já disse o bastante para explicar o apelo que a filosofia existencialista exerceu sobre mim, quando era jovem. É uma filosofia liberalista na qual nada pode impedir os seres humanos de se tornarem o que eles decidem ser. Certamente uma pessoa jovem em processo de construir uma vida — uma "identidade" — encontrará muita ressonância no quadro sartreano, por mais problemáticas que algumas de suas afirmações centrais pareçam ser. A idéia de *fé negativa* como uma negação da própria liberdade essencial, como um mergulho em uma identidade imposta pelo mundo exterior, exerce um poderoso apelo em quem quer que esteja lutando para forjar um eu autêntico e único. O famoso garçom francês que encarna o seu papel tão completamente que age como se fosse uma máquina ou uma caricatura tem sua contrapartida na pessoa jovem, que se espera que se desenvolva de determinada maneira, em conformidade com suas origens, mas que sente uma ânsia de desconsiderar as expectativas e forjar uma nova identidade. As formulações densas e paradoxais de Sartre tiveram portanto um óbvio significado pessoal para mim, enquanto pensava o que faria da minha vida (talvez eu devesse fazer bom uso de toda essa liberdade radical que Sartre me conferiu). Estava na hora de transcender as circunstâncias e me refazer na imagem que eu desejava, de acordo com os valores que escolhesse. A essência que eu viesse a ter seria fruto da minha própria escolha.

Mas também inferi algo mais abstrato do estudo de Sartre; aprofundei meu interesse pela filosofia da mente, particularmente pela consciência e intencionalidade, que viria a desabrochar nos anos seguintes. Em vez de estudar a mente empiricamente, por meio de experimentos e pesquisas, era possível estudá-la analiticamente — pensando sistematicamente sobre ela. Sartre tinha um sistema no qual os conceitos básicos conduziam a novas conclusões, e ele tinha uma teoria geral da mente fundamentada na análise fenomenológica (ou seja, a análise da consciência como ela se apresenta ao sujeito da consciência). Essa idéia de um sistema analítico rigoroso havia chamado minha atenção em meus estudos sobre a filosofia da matemática de Russell, e Sartre, apesar de todas as diferenças em relação a Russell, também construíra um sistema analítico próprio para a mente. A idéia de axiomas e deduções, sistematicamente dispostos, era imensamente atraente, e eu sentia muito prazer em ver o que se depreendia logicamente do quê. Talvez seja esse um dos prazeres básicos da filosofia: chegar a uma idéia e descobrir quais são as suas conseqüências lógicas. Isso se parece muito com o prazer da escavação arqueológica — você escava cada vez mais profundamente o solo conceitual, buscando tesouros intelectuais. O poder que uma idéia tem de levar a uma outra é uma incessante fonte de fascínio para mim. Essa é a razão pela qual o argumento ontológico da existência de Deus é tão quintessencialmente filosófico; a partir de uma proposição sobre a definição do conceito de Deus, ele busca chegar à conclusão de que Deus existe de fato, e a questão é saber se a conclusão está correta. É sempre um momento conflituoso quando um filósofo diz a outro: "Espera lá, não é certo concluir isso." Como a filosofia se baseia principalmente na construção de argumentos, o filósofo precisa estar bem afinado em relação ao que se conclui a partir de quê. O "*non sequitur*" é a derradeira refutação (P. F. Strawson certa vez criticou um argumento de Kant, dizendo que se tratava de "um *non sequitur* acachapante").

Graduei-me com louvor em psicologia na Universidade de Manchester em 1971. Nessa época eu tinha decidido que queria mudar de psicologia para filosofia na pós-graduação. Ouvira falar que Oxford era o melhor lugar da Inglaterra para estudar filosofia, e eles ofereciam um curso de pós-graduação em dois anos para tirar o bacharelado em filosofia, o que exigia o cumprimento de disciplinas nas principais áreas da filosofia. Como eu ainda não percorrera a maior parte das principais áreas da filosofia, isso parecia ideal, e eu acalentei a imagem de que o curso devia ter sido elaborado para pessoas como eu, com pouca bagagem filosófica trazida da graduação. Não poderia estar mais equivocado (novamente). Na verdade, o bacharelado em filosofia era elaborado para estudantes exímios em filosofia que queriam estudar a matéria mais a fundo na pós-graduação, com a perspectiva de se tornarem filósofos acadêmicos profissionais. Casualmente candidatei-me para estudar em Oxford e acabei sendo aceito pela Balliol College, mas o comitê central da universidade responsável pelas admissões em filosofia de alunos graduados não me admitiu, para meu grande desapontamento. Se tivesse conhecimento prévio, saberia que isso não era muito surpreendente, já que o bacharelado em filosofia é um curso exigente, que apenas os estudantes mais avançados em filosofia conseguem completar de modo satisfatório. (Para não manter o leitor em suspense, digo que muitos anos depois eu era um dos examinadores da banca do bacharelado em filosofia.) Assim, as minhas esperanças de estudar filosofia em tempo integral foram temporariamente por água abaixo. Decidi permanecer em Manchester por mais um ano, para fazer um mestrado em psicologia, e depois tentar novamente entrar em Oxford no ano seguinte. Isso não foi tão frustrante quanto pode parecer, pois havia encontrado um tema na fronteira entre a psicologia e a filosofia em que queria trabalhar mais profundamente: as idéias inatas.

É aqui que entra a terceira maior influência da minha vida de estudante — Noam Chomsky. Chomsky era um homem jovem, na época com seus trinta anos, que estava revolucionando a lingüística e, em boa medida, a psicologia também. Era obrigatório que o vissem lendo *Estruturas sintáticas* e *Aspectos da teoria da sintaxe*, dois trabalhos bastante técnicos que ele realizou. O que havia de mais significativo em Chomsky para mim nesse tempo (retornarei a ele mais tarde) era sua oposição ao behaviorismo. No final dos anos 60, o behaviorismo ainda era a ideologia dominante na psicologia, afirmando que o papel desta é investigar o comportamento externo, não a mente em si, considerada algo irremediavelmente "particular" e, por conseguinte, vedada ao estudo científico. Sustentava-se que o modelo básico do behaviorismo era o reflexo condicionado, que fora amplamente estudado em ratos e pombos. Supunha-se que o aprendizado humano em particular consistia em uma fixação de reflexos condicionados, nos quais as "respostas" são associadas a "estímulos". As crianças aprendem o que costumam aprender, agindo aleatoriamente e sendo então recompensadas (reforçadas) por certos "comportamentos", enquanto outros são punidos ("inibidos"), o que as levaria a selecionar os primeiros e eliminar os outros.

A teoria behaviorista foi vigorosamente demolida por Chomsky, particularmente no que se refere ao aprendizado da linguagem. Chomsky argumentou convincentemente que as crianças não poderiam aprender a linguagem dessa maneira, que elas na verdade não *aprendiam* linguagem nenhuma; em vez disso, elas aprendem uma linguagem humana específica, pois são dotadas ao nascer de um entendimento implícito das regras gramaticais da linguagem humana. Essas regras são comuns a todas as línguas e estão ocultas bem abaixo da estrutura aberta da linguagem. A tarefa da psicologia é descobrir essas regras e mecanismos subjacentes a essa inata competência lingüística; em outras palavras, desvendar a estrutura de um sistema interno cognitivo. Os astrônomos tentam compreender a composição do interior do sol, observando seu comportamento e construindo teorias explanatórias; os psicolingüistas, Chomsky disse, deveriam tentar revelar o conteúdo do sistema cognitivo inato que constitui a competência lingüística e explicar como ele interage com uma linguagem específica para produzir o domínio básico do inglês, do francês, ou de qualquer outra língua. Um dos argumentos centrais de Chomsky é que a criança possui apenas dados limitados e fragmentados à sua disposição, para a partir deles projetar um domínio da linguagem — demasiadamente pouco para embasar a rica competência gramatical subjacente à fala —, de modo que temos de presumir que ela acrescenta à tarefa um rico e articulado sistema de competência lingüística *a priori*. Em outras palavras, nascemos com o conhecimento das regras gramaticais e estas regras estão armazenadas em algum lugar na mente/cérebro. Baseados nessas regras, podemos entender uma potencial infinidade de novas sentenças que nunca foram antes manifestadas; nosso domínio lingüístico é portanto gerador e sistemático. A criança não é uma "tábula rasa" aguardando a marca do ambiente, mas traz consigo um conjunto sofisticado de estruturas cognitivas para a tarefa de aprender a linguagem. As crianças partem com muito mais dados do que imaginávamos que tinham.

Essa concepção é o fundamento da moderna disciplina da ciência cognitiva, que discutirei mais adiante, mas na época era perturbadora e revolucionária. Chomsky relacionou explicitamente suas novas idéias à antiga tradição do racionalismo, que floresceu no século XVII nos textos de Descartes, Leibniz e outros, de modo que ele estava defendendo um retorno às idéias que se perderam quando o behaviorismo passou a predominar, no começo do século XX. Ele queria um retorno a um mentalismo apropriadamente científico, no qual a própria mente fosse o objeto do estudo psicológico. Isso serviu para aliar a psicologia e a lingüística com a tradição filosófica e, desse modo, restabeleceu contato entre esses dois mundos.

Tudo isso me parecia muito bom (e ainda parece). Queria escrever minha tese de mestrado em torno dessas idéias, aplicando-as à questão do conhecimento matemático: deveríamos também supor uma compreensão inata dos princípios matemáticos para explicar a aquisição de conhecimento matemático, como sustentavam os racionalistas do século XVII, ou poderíamos nos contentar com os princípios empíricos do aprendizado segundo os quais tudo depende da experiência? Argumentei que a posição de Chomsky também era apropriada à matemática; temos idéias matemáticas inatas, uma competência matemática geneticamente determinada. Completei essa tese em um ano e recebi o diploma, embora algumas sobrancelhas tenham se erguido no departamento de psicologia de Manchester, pois eu não realizara nenhum experimento. Mas o chefe do departamento, John Cohen, era meu orientador e não compartilhava essa opinião estreita. (Ele me disse na ocasião: "Eles pensam que se você não está utilizando equipamentos de medição, você não está fazendo psicologia!")

A psicologia moderna tem, em grande parte, a forma que Chomsky defendia, e é difícil lembrar da época em que o behaviorismo era a ortodoxia prevalecente. Penso ainda que isso nos fornece um valiosa lição no que se refere ao questionamento de ortodoxias que saem de seu rumo para negar fatos óbvios — como o behaviorismo na verdade negava que possuíamos mentes. A marca patente de uma ideologia, nas ciências e na filosofia, como também na política, é a negação de fatos óbvios. Uma dose saudável de bom senso é sempre um antídoto útil para os desvios ideológicos.

Antes de deixar para trás essa fase da minha vida, devo mencionar outros três acontecimentos nessa época que ficaram marcados na minha mente. O primeiro foi meu contato com o filósofo dinamarquês Peter Zinkernagel. John Cohen encontrara Zinkernagel em uma conferência e mencionara que seu trabalho poderia interessar filosoficamente a um de seus alunos. Zinkernagel era (e é) um filósofo negligenciado, com algumas visões surpreendentes e um ávido desejo de divulgá-las. Concordei em ler o seu livro *Conditions for Description* e escrever um comentário a respeito dele, e cumpri com o combinado. A proposição central de Zinkernagel é de que existem regras para a utilização da linguagem que não podem ser violadas sem produzir uma espécie de contra-senso. Assim existe uma regra que nos proíbe utilizar palavras para descrever experiências que sejam independentes de pronomes pessoais, e existe uma regra que nos proíbe utilizar pronomes pessoais que sejam independentes de palavras que representam objetos físicos, incluindo o corpo humano. De acordo com isso, não podemos encontrar sentido no conceito de experiências que ninguém vivenciou, e não podemos encontrar sentido em pessoas que não têm corpos. Zinkernagel argumenta que isso refuta o idealismo e outras visões que descrevem o mundo como um mero conjunto de experiências sem dono.

São idéias interessantes e eu gostava de pensar nelas. Estudar Zinkernagel me pôs em contato com o tipo de filosofia lingüística associada a Oxford, particularmente o trabalho de P. F. Strawson (que se tornaria mais tarde um dos meus orientadores). Mas o que ficou registrado com mais intensidade na minha memória sobre as idéias de Zinkernagel foi menos sua substância do que o contato que tivemos, mesmo que tenha sido indireto. Enviei-lhe meus comentários e começamos a trocar uma correspondência que durou um ano inteiro e consistia em uma ou duas cartas por semana, às vezes mais. Logo depois de lhe enviar uma carta, ele enviava uma resposta, e assim foi indo. No olho da minha mente, ainda posso ver o meu nome e endereço datilografados com uma velha fita, em um envelope com um selo dinamarquês estampado. Essa correspondência me proporcionou a experiência de uma discussão filosófica prolongada por escrito, uma maneira valiosa de aprender como o argumento filosófico é conduzido. Ela também me envaidecia, admito, um mero estudante cuja pós-graduação nem era em filosofia, sendo levado a sério por um filósofo de outro país. E o internacionalismo da vida intelectual também me foi apresentado. Nunca estive com Zinkernagel pessoalmente, ou tive em mãos uma fotografia sua, mas acho que ele ainda está vivo, negligenciado ainda, em Copenhague, e é visto hoje em dia como uma pessoa um tanto excêntrica. Quando dei uma palestra em Copenhague, muitos anos depois, ele foi convidado, pois deixei que soubessem que ele era um filósofo dinamarquês com quem havia tido algum contato; mas ele não apareceu e duvido que venha a encontrá-lo agora. A última vez que soube dele foi há alguns anos, quando ele me escreveu para pedir uma carta de recomendação relativa a fundos para pesquisa. Não pude deixar de pensar em como a situação mudara desde os tempos em que costumava me corresponder com ele, um inexperiente estudante que morava numa quitinete em Manchester.

O segundo acontecimento diz respeito a Wolfe Mays. Eu tinha escrito uma monografia, como parte da minha formação em psicologia, sobre a história da psicologia, focalizando as visões dos fundadores do positivismo e da fenomenologia, ou seja, Ernst Mach e Edmund Husserl. (Também preparei uma tese experimental sobre pesquisa visual, já que meus professores de psicologia jamais tolerariam uma tese sobre um objeto tão "teórico" quanto metodologia da psicologia — de modo que acabei escrevendo duas monografias, quando apenas uma era requerida.) A minha tese era de que as visões de Mach e Husserl eram notadamente parecidas, enfatizando a primazia da experiência imediata, apesar da grande divergência de métodos psicológicos a que suas filosofias levavam (behaviorismo e fenomenologia, respectivamente). O professor Mays leu essa monografia a meu pedido, embora fizesse parte da minha graduação em psicologia e não lhe dissesse respeito, e sugeriu que eu a convertesse em um artigo que talvez pudesse publicar numa revista que ele editava, *The Journal for the British Society of Phenomenology*. Fiz isso e o artigo foi publicado quando eu tinha ainda apenas vinte e dois anos. Foi a minha primeira publicação, portanto lhe tenho certa afeição, mas o texto me parece agora pesado e burilado demais. Até onde sei, ele nunca foi citado por um outro autor. Mas ele ao menos me deu a noção de que eu podia escrever e publicar trabalhos filosóficos. Existe um prazer especial em ver suas palavras publicadas pela primeira vez; é como se a pessoa tivesse se expandido, se duplicado subitamente. Naturalmente, sou grato ao professor Mays por me levar a sério o suficiente para selecionar o artigo. De fato, revendo-o hoje, acho incrível que ele o tenha feito. De qualquer maneira, obrigado.

O terceiro episódio envolveu animais. Eu tinha me encontrado com John Harris — saído a pouco de Oxford —, que fora recentemente apontado como professor do departamento de filosofia de Manchester —, devido ao nosso interesse mútuo por Chomsky e as idéias inatas. Harris é um dos três autores do revolucionário livro *Animals, Men, and Morals*, com Stanley e Rosalind Godlovitch. Esse livro expõe as razões morais para mudarmos a forma como tratamos os animais e defende especificamente o vegetarianismo, entendido como a única posição moralmente defensável. O celebrado livro de Peter Singer, *Animal Liberation* (*Libertação animal*), é um descendente direto deste anterior, sendo uma expansão de um artigo que Peter escrevera sobre ele, publicado no *New York Review of Books*. Quando o livro foi lançado, passei horas lendo-o na minha livraria local, em Manchester, e quando saí da loja havia me tornado um vegetariano convicto. Seguindo os passos de Russell, me orgulhava da minha racionalidade e da minha suscetibilidade a um bom argumento, e achei a idéia do vegetarianismo poderosa, passando a agir de acordo com esse entendimento. O argumento básico é bastante simples: o modo como tratamos os animais não deveria lhes produzir mais danos do que o bem que obtemos; como matar um animal para comer o priva de muito mais do que obtemos do gosto agradável de sua carne, não deveríamos nos alimentar de animais. Adequadamente elaborado, esse argumento me persuadiu a mudar minha vida de forma drástica e prática. Tornei-me inclusive um vegetariano por alguns anos, não comendo produtos animais de espécie alguma (segui orientações diferentes em épocas diferentes da minha vida, embora ainda considere que as razões morais do vegetarianismo são conclusivas). Tudo isso foi parte da construção da minha vida em concordância com os ditames da racionalidade, e não seguir cegamente a tradição, independentemente de quão profundamente estivesse entranhada. Para mim o maior pecado era não ouvir a voz da razão.

Haviam se passado quatro breves anos desde que saíra de Blackpool para Manchester, mas as mudanças que aconteceram na minha vida foram consideráveis. Evoluíra de um menino provinciano academicamente deficiente para quase o que sou hoje — alguém cuja vida gira em torno das idéias. Mas ainda havia um longo caminho a percorrer antes de eu poder converter isso em um meio de vida viável. Lembro quando meus pais vieram me visitar em Manchester, logo depois da minha formatura, e me perguntaram o que eu planejava fazer da minha vida agora que tinha um diploma universitário. Minha mãe vira no jornal local um anúncio de um emprego de fiscal de rendas, que exigia apenas duas matérias de nível superior — será que eu não estaria interessado? Respirei fundo e anunciei: "Quero ser um filósofo." De modo circunspeto, eles me pediram que sentasse, enquanto expressavam suas preocupações em relação ao fato de minha escolha poder um dia resultar num emprego remunerado, e conjeturavam o que vinha a ser um filósofo afinal. Devo admitir que fiquei bastante abalado.

CAPÍTULO TRÊS

Lógica e Linguagem

A PRIMEIRA VEZ QUE ME CANDIDATEI PARA A UNIVERSIDADE de Oxford, em 1971, fui rejeitado, mas tinha esperança de aumentar as minhas possibilidades de admissão, me dedicando mais à filosofia durante o ano em que escrevia a minha tese de mestrado, e foi o que fiz com assiduidade. Candidatei-me novamente no ano seguinte. E fui rejeitado mais uma vez. Submeti para avaliação uma amostra do meu trabalho que consistia no ensaio que escrevera sobre Zinkernagel e no meu texto publicado sobre Mach e Husserl. Na primeira vez, fora rejeitado pela banca principal de filosofia, após ter sido aceito pela faculdade Balliol; dessa vez, também fui rejeitado em Balliol. Eu não estava em lugar nenhum. Evidentemente, Mach e Husserl e Peter Zinkernagel não eram nomes respeitados em Oxford (para dizer o mínimo), ou então meus ensaios não eram bons. Isso era frustrante, mas não totalmente surpreendente, em vista da natureza do bacharelado em filosofia de Oxford, um curso para graduandos que haviam se destacado em filosofia — e eu só tinha um título de psicologia. Você poderia pensar que eu deveria estar reclamando agora de ter sido vítima de uma grande injustiça e tudo o mais, porém, considerando as condições dos procedimentos de admissão, não seria uma reclamação procedente. Afinal de contas, vários indivíduos brilhantes competiam pelo limitado número de vagas que a universidade podia oferecer.

Entretanto, após algumas negociações — e protestos por parte dos meus professores de Manchester —, fui finalmente admitido em Oxford para o bacharelado em literatura, um título de pós-graduação claramente menosprezado (como fiquei sabendo mais tarde), para pessoas que não conseguiam passar para o bacharelado de filosofia. Mas ao menos me tornara agora aluno da Universidade de Oxford, onde estava a atividade filosófica e o *glamour* intelectual. Naquela época, 1972, a universidade tinha um departamento de filosofia grande e vigoroso, com cerca de setenta professores distribuídos pelas várias faculdades — fato que atraía alguns dos alunos mais brilhantes do mundo, inclusive da América e da Austrália. Oxford havia se tornado um — talvez *o* — centro mundial de filosofia no período do pós-guerra e, em 1972, ainda era poderosa. Além disso, atraía acadêmicos estrangeiros de licença ou convidados para ministrar cursos, de modo que havia intensa atividade filosófica e muito entusiasmo no local. A pessoa certamente se sentia no centro dos acontecimentos. E, é claro, havia uma confiança persuasiva e inebriante — quase uma arrogância — associada ao local, fruto de séculos de distinção e privilégio.

Também fiquei deslumbrado com a cidade de Oxford. Depois da cinzenta e encharcada Manchester — com sua atmosfera industrial do século XIX e seu funcionalismo nortista —, as faculdades antigas de Oxford, com seus jardins bem-cuidados e famosos "pináculos românticos", pareciam fornecer o ambiente perfeito para se estudar filosofia seriamente. Andar por suas ruas era um exercício de osmose intelectual; parecia-me o máximo da distinção filosófica que uma viela se chamasse "Alameda da Lógica". Os pátios da faculdade pareciam banhados de vida mental, a própria pedra impregnada de pensamentos. Mestres vislumbrados eram como deuses cerebrais, remotos mas reais. (Ah, esses sonhos.) E — não há por que negar — havia o *status* do lugar; estar em Oxford significava que você tinha vencido, que era alguém, mesmo se estivesse apenas matriculado para o humilde bacharelado em literatura. Passei as férias de verão de 1972 morando na parte norte de Oxford, terminando de escrever minha tese de mestrado e esperando com ansiedade pelo início das aulas no outono. Minha cabeça fervilhava de antecipação intelectual.

Lembro-me bem da excitação de ver a lista das turmas que era publicada no começo do período de outono (conhecido em Oxford como período Michaelmas). Era uma folha larga, como um jornal, de cor marrom-claro, com informações sobre as disciplinas disponíveis e transbordando de possibilidades. Eram muitas as opções, e tudo parecia interessante. Finalmente podia imergir na filosofia do amanhecer até o anoitecer. Parecia uma libertação, após anos mantendo a filosofia em segundo plano nos meus estudos. Talvez eu devesse ter mudado de curso mais cedo, ter tido mais confiança na minha vocação, mas pelo menos estava fazendo isso agora. Selecionei cerca de trinta disciplinas que gostaria de cursar. E senti uma leve pontada de remorso por dizer adeus à psicologia, mas o chamado da filosofia era irresistível.

Um dos primeiros cursos que fiz foi o de "Teoria da Referência", ministrado por um jovem professor da University College chamado Gareth Evans. Ele devia ter cerca de vinte e cinco anos na época, o que significava que deixara de ser estudante havia poucos anos. Tinha longos cabelos escuros, uma barba fina e usava roupas informais (calças de veludo, botas de deserto: estávamos no início dos anos 70). Era notadamente bonito e, como logo descobri, também intenso e dinâmico. Dizer que ele não sentia prazer em fazer os outros de bobo seria faltar com a verdade. Articulava as palavras com muita precisão, com uma voz bastante aguda e penetrante, e exalava paixão filosófica. O meu problema era que eu não compreendia quase nada do que ele dizia. Falava de um tema que eu desconhecia, numa linguagem técnica que me era estranha. Naquele dia a sua matéria tratava da indeterminação da tradução, como proposta pelo filósofo de Harvard, Willard van Orman Quine, o mais renomado filósofo analítico vivo da época. O assunto abordava os coelhos e suas partes, e a questão era como saber a que um indivíduo de língua estrangeira não-traduzida está se referindo quando diz "gavagai" na frente de um coelho. Poder-se-ia pensar que a interpretação óbvia é que, quando usa a palavra "gavagai", ele está se referindo ao coelho. Mas como Quine mostrou, quem pode garantir que ele não estaria curiosamente se referindo a alguma parte do coelho, de modo que a tradução correta da palavra "gavagai" poderia ser "parte de um coelho"? Afinal de contas, quando estamos diante de coelhos, as suas partes também estão presentes; portanto, se os estrangeiros estão se referindo a alguma parte de um coelho e não ao coelho inteiro, eles continuariam a dizer "gavagai" nessas mesmas circunstâncias. (Para quem argumentar que uma parte de um coelho pode estar presente sem o restante dele, como por exemplo uma pata que foi arrancada, Quine acrescentou a suposição de que "gavagai" poderia significar "uma parte não-desmembrada do coelho"). Ou então os nativos poderiam estar se referindo a uma fase da vida do coelho, um período de tempo que escoa enquanto o coelho segue vivendo; ou talvez estejam se referindo àquelas mosquinhas que estão sempre pairando em torno dos coelhos. Nada na cena apresentada determina qual dessas hipóteses concorrentes está correta e não temos uma visão direta do que os estrangeiros têm em suas mentes, para com isso resolvermos a questão. Também não adiantaria lhes perguntar, já que ainda não sabemos traduzir sua língua. Eu pouco sabia disso naquele dia do seminário de Gareth Evan, mas essa questão era um dos grandes assuntos que estavam sendo debatidos nos departamentos de filosofia anglo-americanos do começo dos anos 70.

O que me impressionou, enquanto ouvia Evans, foi saber que essa questão aparentemente sem importância tinha ramificações importantes: se não conseguíssemos chegar a uma conclusão quanto à indeterminação da referência do termo "gavagai", então talvez toda a idéia de que nos referimos a coisas diferentes no mundo exterior fosse uma espécie de ilusão. De fato, era exatamente isso que Quine alegava: não existe, ele insistia, nenhum "fato evidente" relativo ao que as pessoas se referem com suas palavras; pode-se atribuir esquemas alternativos de referência para uma língua, mesmo para a sua, e não ser acusado de erro. A referência é uma espécie de mito, um resíduo pré-científico, de acordo com Quine. E, no entanto, não parece óbvio que eu ao menos *pense* que estou me referindo a coelhos quando digo "coelho"? Mas essa objeção não impressionava Quine, que descartava essa argumentação como sendo "semântica figurada" não-verificável e sem fundamentação nos fatos observáveis do comportamento. Quine queria uma semântica que dependesse apenas de fatos objetivos de uso lingüístico observáveis publicamente, e não de "idéias" etéreas escondidas nas supostas mentes das pessoas. Nas aulas de Evans, observei rigor e clareza e um alto nível de sofisticação técnica aplicados a uma questão difícil e profunda. Era a primeira vez que saboreava a filosofia analítica contemporânea e meu apetite foi despertado. Se eu ao menos soubesse o que todas aquelas palavras impressionantes e carregadas de lógica significavam!

Também experimentei pela primeira vez a controvérsia do debate filosófico. Evans era um debatedor intenso, impaciente e inflexível; como mencionei antes, ele sentia prazer em constranger os ingênuos (talvez demasiado prazer). A atmosfera na sua aula era intimidadora e excitante ao mesmo tempo. Como vim a saber mais tarde, essa é uma característica comum do debate filosófico. Não a sonora recitação de vagas profundidades, mas um conflito de intelectos analiticamente brilhantes, com egos palpitantes atrelados a eles. De fato, verdade seja dita, a filosofia e o ego nunca estão muito distantes. A discussão filosófica pode ser uma modalidade violenta de esporte intelectual, na qual os egos são feridos e abatidos, ou até mesmo crucificados. Observei pessoas lívidas e com a boca seca antes de fazerem uma exposição para uma audiência de pessoas seletas, e visivelmente abaladas ao término dela. Ninguém gosta de ser refutado publicamente, e em filosofia isso acontece o tempo todo. Percebi em Evans alguém com uma habilidade considerável para o debate e sem dúvida fiquei atraído pelo tipo de poder e respeito que isso proporciona. Mostrar-se por vaidade é também uma característica da vida filosófica.

Logo se tornou claro para mim que eu estava consideravelmente atrasado em relação ao tipo de especialização considerado pré-requisito no mundo da pós-graduação em filosofia da Universidade de Oxford. Não tinha nem ouvido falar de muitos dos autores cujos trabalhos eram bem conhecidos por meus colegas: Donald Davidson, Saul Kripke, David Lewis, Michael Dummett, Hilary Putnam e muitos outros (falarei mais sobre esses filósofos mais adiante). Também não compreendia grande parte da terminologia usada para discutir esses autores: "operador modal", "contrafactual", "extensão do predicado", "função de segundo nível", "quantificador existencial", "âmbito da diversidade", "necessidade *de re*" e assim por diante. Estava claro que eu tinha muito a fazer para me atualizar.

O meu primeiro orientador em Oxford foi Michael Ayers, na Wadham College. Eu lera um artigo dele que soava um pouco como Zinkernagel, de modo que lhe perguntei se me aceitaria. Ele era um homem alto e magro, nos seus trinta anos, com pesadas bolsas enrugadas sob os olhos, e era obviamente um produto de Cambridge (sério, mas com um riso sincero e nenhuma afetação). Encontrávamo-nos uma vez por semana em sua pequena sala na Wadham, para discutir qualquer que fosse o trabalho que escrevera para ele naquela semana. Zinkernagel foi logo descartado e comecei a trabalhar nos temas que dominavam o debate em Oxford, principalmente lógica e linguagem. Progredi bastante sob a supervisão amigável e investigativa do professor Ayers, e, ao final do primeiro semestre, ele recomendou à banca de filosofia que fosse permitida a minha entrada para o bacharelado de filosofia. Por essa razão, me encontrei com R. M. Hare, professor de filosofia moral de White, que antes me empurrara para o bacharelado de literatura e que parecia satisfeito por eu estar agora trabalhando questões como nomes próprios e contrafactuais — e não fenomenologia e dinamarqueses obscuros. Ele concordou em me transferir para o bacharelado de filosofia. Isso me deixou muito feliz, mas eu também sabia que não seria fácil dar conta do recado. Encontrava-me cercado de alunos de filosofia que eram brilhantes e bem formados, muito mais adiantados do que eu em seus estudos. Já havia presenciado novos alunos do bacharelado de filosofia exauridos com a intensidade da competição intelectual — subitamente se agitando em um poço maior do aquele a que estavam acostumados —, mas ao menos não tinha expectativas muito grandes em relação a mim mesmo, dada a minha formação. A minha modéstia quanto ao meu nível filosófico era justificável.

Entre os alunos que mais se destacavam havia um jovem chamado Christopher Peacocke. Ele tinha formação acadêmica e fizera seu curso de graduação em Oxford. Enquanto era universitário, ganhara todos os prêmios de melhor aluno do ano, e certamente ele entendia do assunto. Falava o jargão da lógica como se fosse sua língua materna e raciocinava em um nível altamente abstrato. Sua boca mal se mexia quando construía frases do tipo: "A teoria da real relação da linguagem precisa complementar uma definição de verdade tarskiana com uma estimativa de significado-S que respeite os limites da estrutura recursiva da linguagem." Christopher usava óculos de lentes grossas e se vestia com paletó e gravata, mesmo quando estava sozinho em seus aposentos. Ele transbordava de entusiasmo filosófico. Costumávamos nos encontrar para tomar chá e discutir o que estávamos lendo; enquanto ele preenchia os guardanapos com fórmulas de lógica, eu tentava esclarecer as questões. Essas conversas me ajudaram a desenvolver uma compreensão do material que estava estudando e ouvindo falar a respeito, e eu gostava de discutir filosofia com alguém tão perspicaz e sofisticado quanto Chris. Infelizmente, viemos a nos afastar anos mais tarde, quando lastimavelmente tornou-se claro que para ele a rivalidade profissional era mais importante do que a amizade, mas essas primeiras conversas serviram para me impulsionar na direção que eu precisava seguir. Há um período na faixa dos vinte anos em que as discussões filosóficas com um amigo podem ser uma das experiências mais gratificantes, além de um meio ideal para evoluir o pensamento. E ajuda a aliviar a solidão, um aspecto muito presente na vida contemplativa.

Na época em que estava em Oxford, dois famosos filósofos americanos vieram de visita: Saul Kripke e Donald Davidson. O trabalho deles vinha causando um grande rebuliço em Oxford e outros lugares, e se você almejava começar a ser levado a sério era essencial dominar suas idéias. Permitam-me então descrever aqui as linhas gerais de seus pontos de vista. Ambos trabalhavam principalmente com filosofia da linguagem e seus trabalhos eram complexos e densos, especialmente o de Davidson. Kripke fora uma criança prodígio que na adolescência publicara um importante trabalho de lógica modal (a lógica da necessidade e da possibilidade) no *Journal of Symbolic Logic*, e ainda tinha apenas trinta e poucos anos quando chegou a Oxford para ministrar as prestigiosas palestras John Locke. Costumava se balançar o tempo todo para a frente e para trás e era conhecido por seus maus modos à mesa, atirando migalhas nos que estavam sentados à sua volta. Existem muitas anedotas sobre as excentricidades de Kripke, mas a melhor para mim é a que conta que no decorrer de uma determinada conferência, após o término das sessões formais, havia um grupo de filósofos tocando violão e cantando músicas folclóricas. Kripke foi convidado a se juntar a eles e disse: "Se outra pessoa o fizesse, seria o fim disso, mas se eu fizer, será apenas mais uma anedota de Kripke." (É isso que nós filósofos chamamos tecnicamente de uma "metaanedota".) Kripke era um palestrante fascinante, com uma voz anasalada característica que oscilava do grave ao agudo em jorros imprevisíveis, e raramente fazia uso de anotações; o seu trabalho mais influente, *Naming and Necessity*, é de fato uma transcrição das palestras sem anotações prévias que ele proferiu para uma platéia em Princeton, em 1971. Surpreendentemente, o que de fato chamou a atenção das pessoas foi a sua teoria dos nomes próprios, como "Platão" e "Richard Nixon", um assunto aparentemente trivial. Soa quase como uma paródia da filosofia analítica dizer que um dos pensadores mais importantes da tradição analítica ficou famoso com uma teoria sobre nomes próprios. Mas uma vez compreendida a importância do assunto, não é realmente surpresa nenhuma.

Quando usamos um nome como "Platão", estamos nos referindo a um certo indivíduo da história morto há muito tempo; nós falamos *sobre* esse antigo filósofo grego e fazemos comentários verdadeiros ou falsos sobre ele. É estabelecida uma relação entre as nossas palavras e essa pessoa do passado. Mas como isso acontece? O que faz com que "Platão", enquanto o mencionamos, seja o nome daquele indivíduo em particular? Não é como se o nome "Platão" lembrasse de alguma forma o homem Platão. Nós produzimos um som ao pronunciar o nome, e uma relação de denotação é estabelecida entre a pessoa que fala e o antigo filósofo. Mas o que é que estabelece essa relação? Por que nos referimos a uma pessoa e não a outra quando produzimos esse som? Existe uma resposta natural para essa pergunta, defendida por Gottlob Frege e

Bertrand Russell, que se tornou ortodoxa até Kripke aparecer: quando uso "Platão" para me referir a Platão, tenho em minha mente uma idéia de Platão, e esta idéia consiste nas inúmeras descrições que usaria para me referir a ele, como "o autor de *A República*" ou "o mais famoso discípulo de Sócrates". Se continuarmos a perguntar de que forma "o autor de *A República*" se refere a Platão, a resposta é direta: Platão é o homem que se *encaixa* nessa descrição, o que é verdadeiro; a descrição se refere "descritivamente", ao especificar uma característica que somente Platão satisfaz. Assim, se o nome é um simples resumo da descrição, então o nome também refere-se descritivamente: "Platão" *significa* apenas "o autor de *A República*", e sabemos muito bem de que modo este último termo se refere. É verdade, o nome não *parece* uma descrição; mas é, mantida a ortodoxia — apenas uma descrição disfarçada. Usamos nomes como versões resumidas de descrições, economizando assim a nossa saliva. E essa é a chave para as referências em geral: referimo-nos às coisas do mundo descrevendo-as de certa maneira, implícita ou explicitamente. Essa teoria é chamada de teoria das descrições definidas. Para muitos, ela parecia uma verdade óbvia, a única maneira pela qual a referência *podia* funcionar. Como nos referimos às coisas? Sabendo quais são as suas propriedades e identificando-as por meio dessas propriedades. Simples.

Mas Kripke percebeu que havia problemas na teoria das descrições (como outros filósofos também perceberam mais ou menos na mesma época). Não podemos nos referir a Platão com o nome "Platão", sem conhecer uma verdadeira descrição dele que o diferencie de qualquer outra pessoa? Afinal de contas, muitas pessoas usaram o nome "Platão" sem saber que ele era o autor de *A República*, ou de qualquer outro fato sobre ele que o distinguisse; alguém que utilizou esse nome poderia ter simplesmente pensado: "Sim, Platão, ouvi falar dele, um grego da Antiguidade que escreveu um punhado de livros." Mesmo que seja tudo que você sabe de Platão, isso não faria com que você parasse de se referir a ele pelo nome, não é mesmo? Além disso, algumas vezes cometemos erros a respeito das pessoas que nomeamos. Se penso em Jerry Lee Lewis como "o sujeito que criou o rock'n'roll", ainda posso me referir a ele, embora quem de fato criou o rock'n'roll foi Little Richard. Quando pronuncio o nome "Jerry Lee Lewis", não é que eu esteja desse modo me referindo a Little Richard, só porque erroneamente acredito que Jerry Lee criou o rock'n'roll, quando na verdade é Little Richard quem tem esse crédito. Portanto, o que liga o nome à pessoa nomeada não pode ser a informação descritiva que associo ao nome; deve haver algo mais em ação. A teoria das descrições esquece às vezes de que temos crenças falsas ou incompletas a respeito das pessoas que nomeamos, de modo que não podemos confiar exclusivamente nas nossas crenças para escolhermos nossas referências.

O que poderia ocupar o lugar da teoria das descrições? Aqui Kripke sugere que a associação é produzida por uma linha de ligações históricas e causais entre os usos do nome e a pessoa nomeada. Uma criança nasce e é batizada; o nome é usado pela família; é transmitido a outras pessoas que estão ligadas àqueles primeiros usuários do nome; a pessoa que recebeu o nome por acaso morre, mas o nome se mantém vivo na medida em que cada falante da corrente apreende o nome de alguém que lhe falou dessa pessoa. É assim que nos referimos a Platão com "Platão": há uma corrente de usos do nome que remonta às pessoas que falam grego e se referiram ao recém-nascido Platão pela primeira vez. Contanto que seja um elo dessa corrente, você pode se referir a Platão, mesmo que não saiba muito sobre ele e tenha idéias falsas a seu respeito. O mecanismo ou processo que liga o nome à pessoa consiste em uma grande variedade de relacionamentos sociais, históricos e causais, que ocorrem fora da mente da pessoa que pronuncia o nome. Não que eu tenha de *saber* tudo a respeito da vasta corrente que me une lingüisticamente a Platão; é suficiente a corrente existir e eu ser um elo dela. Tudo que tenho de fazer é usar seu nome da mesma forma que a pessoa de quem ouvi falar usou; o resto é realizado pela própria existência da corrente. Mudando a metáfora: cada pessoa que fala é um ponto da rede, e a referência funciona porque a rede está associada causalmente aos objetos do mundo sobre os quais falamos.

Esse quadro de nomeação contém três importantes elementos que mudaram o modo como os filósofos da linguagem pensavam a referência e conduziram ao que agora é chamado de A Nova Teoria da Referência. Primeiro, introduziu um elemento social no funcionamento da linguagem: não se trata de cada falante ser dependente lingüisticamente de si mesmo, contando apenas com seus próprios recursos mentais para possibilitar a ocorrência da referência; pelo contrário, ele está socialmente ligado a outros que podem saber muito mais do que ele sobre a referência dos termos que ele usa (isso veio a se chamar "a divisão do trabalho lingüístico"). Segundo, e relacionado a isso, o mecanismo de referência não está localizado agora no interior da mente de cada pessoa que fala, como ocorria na teoria das descrições, mas consiste no modo como ela está inserida no mundo maior — ao que ela está ligada externamente. Terceiro, existe um elemento causal na referência: existe uma corrente causal que vai do objeto a uma utilização do nome para aquele objeto, e a referência depende em última instância dessa corrente. Esse elemento levou ao que mais tarde veio a ser chamado de Teoria Causal da Referência — a idéia de que a referência podia ser analisada como uma forma especial de relacionamento causal entre as palavras e as coisas do mundo a que elas se referem. E isso por sua vez levou à idéia de que poderia ser possível "naturalizar" a referência — mostrar que ela podia estar inserida em uma explicação científica da atividade humana lingüística. Se a referência é apenas um tipo especial de relação causal, então ela não é em princípio mais misteriosa do que qualquer outro tipo de relação causal — por exemplo, a colisão de bolas de bilhar. Assim, o que a princípio parecia uma questão banal a respeito de nomes próprios acaba contendo na realidade importantes questões sobre como a linguagem se vincula ao mundo e sobre como o pensamento consegue em última instância se referir às coisas (mais sobre isso depois).

No início dos anos 70, os textos de Donald Davidson estavam também gerando uma espécie de culto em Oxford (as pessoas falavam de um "*boom* davidsônico"). Nessa época, ele havia publicado apenas uns poucos artigos curtos e densamente construídos, mormente em publicações obscuras; concisos, técnicos e cavernosos, eram uma espécie de teste de inteligência para os alunos que aspiravam a graduar-se em filosofia. O próprio Davidson, com seus penetrantes olhos azuis, fala curta e modos seguros, estava de visita a Oxford e causando uma reviravolta com sua nova teoria do significado. Ele sempre conseguia sustentar a imagem de que tinha tudo esclarecido, se você conseguisse prestar suficiente atenção. Tudo não passava de uma questão de expor as concepções falsas e preconceitos exatos; então tudo se tornaria claro como um cristal. Há muito tempo os filósofos se perguntam "O que é significado?" ou "O que sabemos quando conhecemos o significado de uma sentença?" O significado parece evasivo, etéreo: onde já se viu ou se esbarrou em um significado? Alguns, como Quine, eram ostensivamente hostis a ele, desejando que desaparecesse, chamando-o de nomes torpes ("mito de museu", "criatura das trevas"). Davidson propôs que indagássemos com que se pareceria uma *teoria* do significado: o que essa teoria deveria fazer e como deveria ser construída? Bem, ela deveria especificar o significado de todas as sentenças da linguagem que têm um significado. E deveria fazê-lo reunindo duas "condicionantes" (lembro-me muito bem do modo como os filósofos de Oxford adoravam usar a palavra "condicionante"): primeira, a teoria deveria especificar o significado de cada sentença pela referência ao significado das palavras que formam a sentença; segunda, a teoria deveria fazê-lo sem supor previamente a noção de significado, ou então ela seria não-explicativa e circular. A questão passou então a ser como especificar o significado das sentenças de maneira não-circular, e como obter essa especificação das palavras que formam a sentença. Usando o exemplo favorito, como dizer o que significa "a neve é branca" de uma maneira que exiba esse significado como derivado do significado das palavras na sentença? E se conseguíssemos responder a essa pergunta, não teríamos resolvido o velho problema filosófico do significado? Não é o significado o objeto de qualquer boa teoria do significado, de modo que a teoria deva conter uma explicação da própria natureza do significado?

A "ousada hipótese" de Davidson consistia em duas partes: o significado de uma sentença é a sua condição de verdade, e condições de verdade podiam ser especificadas utilizando-se a engrenagem lógica fornecida pela teoria da verdade de Tarski (um filósofo polonês que comprovou diversos resultados importantes da matemática lógica). A sentença "a neve é branca" é verdadeira se e somente se a neve for branca, e o mesmo serve para as sentenças de outras línguas que dizem a mesma coisa. Quando compreendemos uma sentença como essa, o que conhecemos é a sua condição de verdade, o que a tornaria verdadeira — de modo que significado e condições de verdade parecem intimamente ligados. Se eu lhe disser que a sentença italiana *"Il neve è bianco"* é verdadeira com a condição de a neve ser branca, você por meio disso aprende o significado da sentença. O significado, portanto, está inserido nas condições de verdade; além disso, o conceito de verdade não pressupõe o conceito de significado, de modo que parecemos estar satisfazendo nossa "condicionante" não-circular. Agora vem a parte difícil: a teoria da verdade de Tarski. Esta é na verdade uma teoria muito técnica em seus detalhes, mas a idéia central é bastante simples. Em virtude de que a sentença "a neve é branca" contém a condição de verdade que ela possui? Obviamente, as palavras "neve" e "branca" têm tudo a ver com isso, mas o que essas palavras possuem que determina como elas contribuem para as condições de verdade? Bem, "neve" refere-se a neve e "é branca" é verdadeiro no que se refere a alguma coisa, se e somente se essa coisa for branca; se juntarmos essas duas informações parciais, podemos deduzir que o resultado "a neve é branca" é verdadeiro se e somente se a neve for branca. Analisamos a sentença em duas partes, sujeito e predicado, correspondendo aqui às palavras "neve" e "branca", e depois especificamos uma referência para o termo do sujeito e uma condição satisfatória para o termo do predicado; desse modo a sentença é verdadeira se e somente se a referência do termo do sujeito satisfaz a condição satisfatória associada ao termo do predicado. A parte difícil da técnica da teoria da verdade de Tarski se encontra nos detalhes de como empregá-la em todos os tipos de sentença existentes, não apenas em simples frases compostas de sujeito e predicado; e essa parte vou deixar como dever de casa para o leitor (a ser concluído lá pelo começo de 2010, por favor). A idéia central da teoria de Davidson, portanto, é especificar condições de verdade baseadas nas partes das sentenças, dizendo alguma coisa relevante a respeito das partes. Esta será a nossa teoria do significado.

A razão pela qual isso parecia tão atraente era porque prometia responder a antiga e obscura questão "O que é significado?" com uma nova e arrumada teoria técnica. Podíamos agora falar de axiomas e teoremas, de orações recursivas, de Convenção T: a partir da filosofia fizemos matemática. A filosofia da linguagem podia agora ser posta no caminho da respeitabilidade científica. Filósofos como Wittgenstein (sobre quem falarei mais depois) haviam ruminado sobre a questão do significado, considerando o uso lingüístico como a chave para resolvê-la, descrevendo diferentes jogos de linguagem, encontrando profundos quebra-cabeças na natureza do significado, mas tudo isso podia ser descartado sob a brilhante luz da lógica e da matemática. Os assuntos se tornaram puramente técnicos, uma mera questão de escrever os axiomas de maneira correta para obter os teoremas que se buscava. Era a esperança sempre tentadora de transformar a filosofia em ciência — equivocada, talvez, mas inegavelmente sedutora ("sexy", como alguns filósofos gostam de dizer).

A minha monografia do bacharelado em filosofia foi sobre esse tipo de "semântica davidsoniana," enfocando uma questão problemática para essa abordagem: como lidar com sentenças que não contêm condições de verdade. É improvável que quando entendemos o que a sentença "Feche a porta!" quer dizer conheçamos sua condição de verdade, porque não se pode afirmar que ela é verdadeira ou falsa. Mais propriamente, pode-se dizer que se agiu ou não em conformidade com ela. O mesmo se aplica em "Será que a porta está fechada?" e "Seria bom se a porta estivesse fechada!" A minha sugestão era construir teorias análogas às condições de verdade, tais como condições de obediência. A sentença "Feche a porta!" é obedecida se e somente se a pessoa a quem ela se dirige fechar a porta. Havia alguns problemas superficiais com essas assim chamadas sentenças não-indicativas, mas algo dentro do modelo que sugeri parecia indicar o caminho a seguir. Escrevi meus axiomas, especifiquei minhas fórmulas lógicas. Era um grande distanciamento de Sartre e do argumento ontológico e do livre-arbítrio. Sob os auspícios de Oxford, a filosofia se metamorfoseara em lógica e linguagem para mim. Ainda acho que todo filósofo profissional deveria ter um bom domínio dessas idéias lógicas e lingüísticas, mas não acredito mais que elas por si sós conduzirão à resolução de problemas filosóficos sérios. Então, considerando-se isso, não acredito que filosofia possa ser uma ciência. Mas compreendo por que com vinte e três anos eu tinha uma ânsia de que isso fosse possível: simplificar o mistério do mundo por meio de métodos científicos é certamente uma perspectiva atraente, a principal força intelectual que moldou o mundo moderno. Provavelmente, também, a utilização desse estilo técnico de fazer filosofia fosse uma maneira de aumentar o prestígio intelectual dos filósofos, em um mundo que valoriza o conhecimento científico acima de tudo o mais — sem mencionar a pura ostentação que a especialização técnica possibilita. De qualquer forma, foi bom enquanto durou.

Durante o segundo ano do bacharelado em filosofia, tive a sorte de ter o professor P. F. Strawson como orientador, agora elevado ao título de *sir* Peter Frederick Strawson. Ele era particularmente cético a respeito do cientificismo que nós formandos estávamos adquirindo, encorajando-me a não perder de vista os temas filosóficos tradicionais; hoje percebo como foi útil esse conselho. Encontrava-me com "P. F. S." uma vez por semana em sua sala no Magdalen College, onde conversávamos sobre qualquer questão filosófica que estivesse ocupando meus pensamentos. Seu jeito calmo de questionar, sua clareza de pensamento e mente poderosa foram um importante estímulo para mim. Era (e é) um homem austeramente elegante em tudo: nos escritos, certamente, mas também no seu modo de vestir, na forma como cruzava as pernas enquanto discutia filosofia e no jeito à Wilde de fumar um cigarro. Lembro quando fui encontrá-lo pela primeira vez e ele me perguntou como estava a minha lógica formal; desculpando-me, disse que não estava tão adiantada assim; ele sorriu e respondeu "Bom!", temendo que eu fosse um daqueles tecnocratas chatos e deselegantes que tentavam esvaziar o espírito da filosofia tradicional.

Outra influência importante foi A. J. Ayer, também conhecido como professor *sir* Alfred Ayer, ou Freddie Ayer para os amigos. O professor Ayer era o filósofo mais famoso de Oxford, uma "personalidade" freqüente vista na TV e um colaborador dos jornais de domingo, entre muitas outras coisas que fazia. Morava em Londres e emprestava um ar de sofisticação metropolitana universal à atmosfera um tanto exótica da filosofia de Oxford. Comecei a freqüentar o seu curso de "Instrução Informal", onde se escolhia um livro que seria debatido durante o período, a ser apresentado por um aluno e depois conduzido por Ayer, no seu estilo intenso e movimentado, e com um cigarro permanentemente aceso. Na primeira aula, Ayer perguntou quem lera o livro que seria debatido —*A natureza das coisas*, de Anthony Quinton. Como por coincidência eu acabara de lê-lo, levantei a mão; para minha surpresa, nenhuma outra mão se ergueu e um calafrio percorreu o meu corpo enquanto Ayer me fitava com um olhar perspicaz. Era sem dúvida um encontro intimidador para o rapaz de Manchester, e eu temia que ele me fizesse alguma pergunta a respeito do que eu tinha lido. Sempre ficava nervoso em situações de debate público e tinha medo de que as palavras literalmente não saíssem da minha boca, se eu me tornasse o centro das atenções. Mal sabia o que me aguardava. A aula continuou, com Ayer fazendo a primeira apresentação do período, seguida pelo que me pareceu um debate de altíssimo nível, para o qual nem me passou pela cabeça oferecer qualquer contribuição. Entretanto, ao final da aula, o professor Ayer repentinamente fixou seu olhar em mim, curvado no fundo da sala, e anunciou: "O rapaz ali atrás pode, fazendo jus à sua virtude, apresentar o capítulo dois na próxima semana." Ele nem mesmo esperou para ver se eu ficara satisfeito com essa brilhante sugestão. A decisão fora tomada: minha pessoa, na próxima semana. O tema era a identidade ao longo do tempo, um assunto bastante novo para mim, e tinha uma semana para preparar alguma coisa que não resultasse em vergonha total. Senti o sangue esvair-se abruptamente do meu rosto.

Naquela semana, trabalhei com uma agitação nervosa que nunca experimentara antes. Consultei Michael

Ayers, meu orientador à época, sobre o que deveria ler e discutimos o assunto. Escrevi cerca de dez páginas, esperando ao menos mostrar que não era um completo ignorante. Temi a chegada da quarta-feira, quando teria de me apresentar diante do pelotão de fuzilamento, contando os minutos que faltavam para as cinco da tarde, quando a aula começaria. Na hora marcada, lá estava eu diante de cerca de quarenta indivíduos inteligentes, prontos para encontrar erros em qualquer coisa que eu dissesse. Li o meu ensaio em voz alta, com os olhos baixados fixos nas páginas, uma forma de autoproteção. Quando terminei, levantei os olhos, vermelho como uma beterraba, com as palmas das mãos muito úmidas (o que sempre acontece quando estou nervoso), e o professor Ayer disse, de forma corriqueira, "Muito bom", e pôs-se a falar da sua concepção do assunto. Acho que ficou contente por eu ter mencionado Hume, seu filósofo favorito, e a simplicidade da minha apresentação provavelmente lhe causou a impressão de segurança e clareza. Permaneci um pouco aturdido pelo restante da aula, tentando evitar qualquer envolvimento posterior, mas acabei de fato me envolvendo algumas vezes e descobri que, afinal de contas, meus órgãos vocais funcionavam. No final, sentia-me aturdido de alívio, e alguns poucos entre os outros alunos se aproximaram para continuar o debate, evidentemente não me considerando um caso perdido. Fora a primeira vez que apresentara um trabalho de filosofia, um rito de passagem para qualquer pessoa que deseja se tornar um filósofo profissional — e sobrevivera à dura experiência.

No entanto, esse desejo ainda estava muito longe de ser realizado. No início dos anos 70, os empregos acadêmicos estavam excessivamente escassos na Inglaterra, depois da explosão ocorrida nos anos 60, e havia uma quantidade de indivíduos muito capazes procurando por eles. Tudo que eu tinha era um diploma de psicologia de Manchester, não um diploma de filosofia de uma universidade de prestígio. Precisava conseguir um trabalho antes de terminar o bacharelado em filosofia, supondo-se que eu passaria, para poder começar a lecionar no outono seguinte, quando minha bolsa expirava. A situação parecia bastante desanimadora e eu não tinha nenhum plano concreto. A fim de melhorar as minhas possibilidades no bacharelado de filosofia, decidi inscrever-me para um exame voluntário chamado prêmio John Locke. Esse exame é para os indivíduos que almejam ganhar o prêmio de cento e cinqüenta libras, além do prestígio que o acompanha. Tradicionalmente, o mais brilhante pós-graduado em filosofia de Oxford ganha o prêmio, embora haja casos famosos de pessoas brilhantes que não foram consideradas por seus examinadores donas de um padrão suficientemente elevado para merecerem o prêmio. Christopher Peacocke o ganhara no ano anterior, o que não foi surpresa para ninguém. O prêmio John Locke não é concedido todos os anos; ele não é entregue automaticamente ao melhor aluno que ingressou num determinado ano. Só é concedido ao aluno considerado dono de um padrão suficientemente elevado, e pode haver anos em que os examinadores consideram que não há alguém que satisfaça os requisitos.

Meu objetivo ao inscrever-me para esse exame era simplesmente adquirir alguma prática em provas de filosofia, já que não fizera nenhuma antes (sem contar Sartre). O exame é realizado ao longo de dois dias, com quatro dissertações, cada uma com três horas de duração, com três questões a ser respondidas por dissertação. Lembra portanto o exame do bacharelado em filosofia, e me proporcionaria um bom treinamento para realizálo (eu sabia que algumas pessoas eram regularmente reprovadas nele, todos os anos). Os examinadores naquele ano de 1972 para o prêmio John Locke foram o professor Ayer, o professor Hare (que me admitiu no bacharelado de filosofia) e Brian Farrell, o Wilde Reader em Filosofia da Mente — uma turma consideravelmente formidável.

Apareci para o primeiro exame de gravata-borboleta e camisa brancas, terno escuro, sapatos pretos, barrete e beca (tudo isso era obrigatório: se faltasse alguma coisa, não o deixavam entrar na sala para fazer o exame). Empenhei-me nas questões, escrevendo sobre a forma lógica, a teoria da coerência da verdade, a natureza da necessidade, a identidade pessoal, a análise do conhecimento e assim por diante. Quando já estava quase na metade da prova, por pouco não desisti: sentia dificuldades com algumas questões, e para que me submeter a essa agonia? Mas persisti, dizendo a mim mesmo que precisava passar por essa experiência. Terminei todas as quatro dissertações e saí da sala sentindo-me exausto e severamente testado. Havia cerca de dez candidatos, todos se submetendo voluntariamente a essa lida, na esperança da glória eventual. A filosofia pode ser estafante.

Cerca de uma semana depois, o professor Ayer me informou que minha caligrafia estava tão ruim que minhas provas precisavam ser datilografadas por um profissional, em presença de um funcionário, para haver certeza de que eu não mexera em nada. Além do mais, eu mesmo teria de pagar pelo serviço. Expressei minhas apreensões, alegando que de qualquer modo não me saíra bem, e preocupado com a enorme despesa de quase cinqüenta libras que aquilo me custaria. Ayer respondeu que "valia a pena", então concordei relutante. Por conseguinte, li os meus textos pungentemente escritos em voz alta para um datilógrafo entediado, na presença de um funcionário igualmente entediado, que despertou para desaprovar o meu uso deselegante da frase "bocado de realidade", pestanejando enquanto dizia isso. Tenho realmente que melhorar a minha caligrafia, pensei. (Até hoje a minha escrita é um milagre de ilegibilidade.)

Então, aproximadamente uma semana depois, enquanto me sentava para assistir a uma das palestras John Locke de Kripke, o professor Ayer se aproximou flagrantemente de mim, diante de cerca de quinhentas pessoas, deu um tapinha nas minhas costas e me disse que eu era o vencedor do prêmio John Locke — e por larga margem. Deve ter sido óbvio para muitos que ali se encontravam o que Ayer estava me dizendo. Ele em seguida se congratulou, como era típico de sua pessoa, por sua boa idéia de pedir que meus textos fossem datilografados e afastou-se a passos largos para retomar seu assento. A palestra de Kripke começou e me sentei aturdido de espanto e exultação; creio que não ouvi uma só palavra do que Kripke disse na hora seguinte. Naquele breve momento, minha vida inteira se modificara, pois agora me encontrava em posição favorável para obter uma colocação acadêmica em filosofia, tal era o prestígio do prêmio John Locke. Estava próximo de realizar meu sonho de ser um filósofo profissional. Profissionalmente, foi o dia mais importante da minha vida e ilustra bem como é possível suplantar as adversidades e se tornar o que se aspira a ser. No final, dois outros candidatos também haviam sido considerados aptos para ganhar o prêmio naquele ano, sendo que um deles já tinha ganho o prêmio de melhor trabalho de graduação nos exames finais de Oxford. Acredito que esta foi a única vez em que três candidatos foram considerados aptos para vencer, eu em primeiro lugar.

Obviamente a minha reputação disparou drasticamente depois disso, e me tornei uma minicelebridade no mundo da pós-graduação em filosofia de Oxford. Fazendo uma retrospectiva, penso que o que aconteceu foi a minha relativa inexperiência acabar me favorecendo, porque tive de me esforçar para criar as minhas respostas às questões, pela falta de conhecimento do que outros haviam escrito. Em vez de abarrotar minhas respostas com excesso de conhecimento de segunda mão da literatura filosófica, fui forçado a desenvolver uma linha de pensamento própria, demonstrando assim uma habilidade para empregar um raciocínio filosófico original. Confesso que na época uma parte de mim pensava que tudo não passara de um completo golpe de sorte e que os exames para o bacharelado em filosofia revelariam isso. No entanto, quando chegou a hora, também obtive uma distinção nas provas, de modo que admiti àquela parte duvidosa de mim que eu tinha valor. A minha outra metade — aquela que deixou o prêmio subir (ah, sim!) à cabeça — vibrava com a idéia de que eu devia ser um tremendo de um bom filósofo para me sair tão bem em tão pouco tempo. Independentemente do que fosse, era exatamente isso que eu precisava. Fico imaginando agora o que teria acontecido comigo se Ayer não tivesse me pedido para datilografar minhas provas (uma medida, de fato, bastante incomum), ou se eu tivesse desistido quando tive vontade de fazê-lo, ou se nem tivesse me inscrito para o prêmio John Locke. Sem dúvida tudo teria sido bem diferente, e até hoje sinto um calafrio quando penso nas outras hipóteses. Vida e oportunidade, oportunidade e vida.

Ambos os meus orientadores, Michel Ayers e Peter Strawson, exageraram em suas congratulações, mas o professor Hare, professor de filosofia moral, teve uma reação curiosa. Não nos esqueçamos de que foi ele quem inicialmente recusou minha admissão para o bacharelado de filosofia e depois concordou que eu fosse promovido. Ele nunca me felicitou pelo prêmio e parecia realmente me evitar quando nossos caminhos se cruzavam. Suponho que se sentia constrangido pela sua falta de intuição, por não ter me considerado um aluno de filosofia gabaritado um ano antes — embora eu achasse que não havia qualquer razão para constrangimento quanto a isso. Ele tomara uma decisão perfeitamente racional naquela época; o que aconteceu foi que me saí melhor do que se poderia esperar. O que seria apropriado fazer era ele me dizer algo como: "Bem, esse é um acontecimento e tanto para os anais!" Assim, considerei seu constrangimento e inabilidade para reconhecer o que tinha acontecido uma fraqueza — não o que eu esperaria de alguém em sua posição de respeitado filósofo da moral. Talvez fosse apenas uma questão de inaptidão nas relações pessoais, mas senti que era um pouco de falta de consideração, causada por uma inabilidade de admitir quando se comete um erro (mesmo que sua opinião anterior fosse bastante justificada à época). Afora isso, ganhar aquele prêmio foi uma alegria total.

Deixei Oxford em 1974, depois de uma estada de apenas dois anos. Nessa época, passei da periferia para o *mainstream* da filosofia, fazendo a transição para um mundo que ainda é em grande medida aquele que ocupo hoje (acrescente ou subtraia um continente). Foi uma época formativa e decisiva para mim. Teria gostado de permanecer mais tempo em Oxford, talvez como assistente de pesquisa por um período de dois anos; mas não tinha ilusões de que seria capaz de conseguir um verdadeiro emprego de professor ali. Por fim, solicitei um emprego à University College London (UCL), onde fui entrevistado. Não consegui o cargo que solicitara — entregue a Arnold Zuboff, de Princeton —, mas uma posição ficou vaga durante o período das entrevistas por causa de uma aposentadoria prematura de um dos professores da universidade, e consegui um emprego realmente, em grande parte, sem dúvida, graças ao prêmio John Locke. Estava programado para eu começar a lecionar no outono de 1974, o que significava que não teria de passar por uma séria lacuna financeira. Senti-me muito afortunado por conseguir aquele trabalho, considerando a falta de cargos disponíveis para filósofos, mas sentia pena em deixar Oxford, que para mim era o centro da filosofia na Inglaterra, se não no mundo. Entretanto, Londres e Oxford estavam apenas a uma hora de distância de trem, e eu sabia que voltaria. Tinha somente vinte e quatro anos (e parecia ainda mais novo), e ainda era bastante subdesenvolvido filosoficamente (e em outros aspectos). Na ocasião em que fui nomeado na UCL, não possuía qualquer qualificação formal em filosofia, já que ainda não prestara os exames do bacharelado, e não era graduado em filosofia. Passara de uma luta para entrar em Oxford com um histórico de psicologia à obtenção de um emprego em um dos melhores departamentos de filosofia do país. Quando me lembro disso, parece que ocorreu um milagre, uma série de acontecimentos imensamente afortunados — embora, é claro, eu tenha trabalhado muito, dia e noite, nesse período que passei em Oxford. Meus interesses haviam se tornado técnicos, enfocando a linguagem e a lógica, e perdera todo o interesse pela mente — possivelmente como uma reação à psicologia. Talvez eu fosse um pouco pretensioso, com certeza levava o meu trabalho a sério, e não era não muito mundano. Minha vida foi inteiramente consumida pela filosofia, que eu continuava a ler mesmo quando já estava na cama, à noite. Nada me dava mais prazer do que uma boa e longa discussão filosófica. Essa ânsia intelectual era forte e intensa em mim, quase que exclusiva. Eu mal podia acreditar que atingira aquele patamar, mas estava determinado a tirar o máximo proveito disso.

CAPÍTULO QUATRO

Mente e Realidade

ENQUANTO CURSAVA A PÓS-GRADUAÇÃO, MOREI EM UM AGRADÁvel apartamento da faculdade situado na elegante parte norte de Oxford, que aluguei da Jesus College pela principesca soma de oito libras por semana; tinha até uma sala com vista para um jardim. Lady Somebody vivia no andar debaixo, que era o térreo, e costumávamos bater papo enquanto tomávamos uma xícara de chá. Eu podia facilmente pedalar de casa ao centro da cidade. Tinha muito pouco dinheiro, mas não precisava de muito para levar uma vida relativamente agradável. Em Londres, voltei a morar com uma senhoria, uma tal sra. Collins, que tinha um rosto redondo e vermelho e passava por dificuldades financeiras, contente por poder prover acomodação, alugando-me um pequeno quarto em um amplo apartamento perto do Albert Hall, em Kensington. Eu não tinha telefone e, pior, não tinha uma escrivaninha.

A viagem de metrô até Bloomsbury, onde ficava o departamento de filosofia da UCL, demorava quarenta minutos, com uma troca de trens no caminho. Meu salário inicial era irrisório até para os padrões acadêmicos. Meu primeiro emprego me deixara em piores condições.

A parte principal do meu trabalho era a orientação de alunos. Um grupo de alunos — entre três, dois ou um — vinha à minha sala uma vez por semana e falava sobre algum assunto filosófico que fora pedido. Em geral eu tinha cerca de oito grupos por semana. Depois havia preleções e seminários para dar, além da supervisão de graduação e reuniões do departamento. Meu entusiasmo inicial em dar aulas arrefeceu por volta do centésimo orientando, o equivalente a pouco mais de um período. É difícil lidar com o cansaço característico que se instala após o terceiro orientando da tarde, principalmente depois de ter feito uma preleção de manhã e trabalhado o seu próprio material por algumas horas. Você tem de prestar cuidadosa atenção aos pensamentos semiformados dos alunos, que com freqüência se empenham intensamente para permanecer em abjeto silêncio no decorrer da aula e a reagir da forma mais desamparada possível aos próprios problemas. Ao contrário de uma aula, na qual você estabelece o ritmo e o tom, na orientação você tem de avançar na velocidade do aluno e dar atenção às suas confusões e dificuldades específicas. No final do dia, sua cabeça parece estar prestes a implodir, uma bola de futebol esvaziada por chutes de pernas-de-pau. E ainda há aquela obrigação de fazer o melhor pelos seus alunos esforçados, apesar do tédio que isso possa representar. Não passou muito tempo e eu já rangia os dentes enquanto subia as escadas que levavam à minha sala, hesitando melancolicamente antes do último lance, sabendo que tinha pela frente um grupo especialmente calado e sem vocação.

Minha sala era um espaço confinado no quinto andar, que dava para a saída de incêndio no telhado, sem fechadura na porta e muito frio no inverno (havia um minúsculo aquecedor a gás num canto). A ausência de uma fechadura provou-se um problema, quando uma das minhas alunas furtou vários livros meus, inclusive um todo gofrado que a Jesus College me dera pela honra de ter recebido o prêmio John Locke (nunca o consegui de volta). Ali permanecia, hora após hora, espremido junto aos orientandos do momento, tentando manter minha concentração. Oh, Sócrates, era assim com você? Não que os orientandos fossem apenas cansaço e frustração: havia de fato um grupo de alunos muito brilhante e entusiasmado que fazia a leitura e vinha com alguma coisa inteligente para dizer. Mas a grande parte chegava despreparada e indolente, esperando que eu fizesse todo o trabalho. E quando você está explicando a Teoria das Descrições de Russell pela milésima vez — pela terceira vez naquele mesmo dia —, deparando-se com a mesma falta de compreensão vezes e vezes seguidas, é difícil se manter muito interessado, a despeito do talento do aluno. Não há dúvida de que as orientações são boas para o aluno — embora seus méritos sejam freqüentemente exagerados — mas podem ser um inferno para o professor. Imagine ser forçado a orientar o mesmo tema repetidamente por toda a eternidade! (Você pode achar que estou exagerando; estou sim, um pouco, mas quero deixar esse aspecto o mais claro possível — e não tenho dúvida de que aqueles dos meus leitores que foram orientadores de filosofia estão neste momento concordando melancolicamente com suas cabeças doloridas.)

O primeiro curso que dei foi sobre o tema da verdade. A pergunta era: Qual o significado da palavra "verdade"? Ou: O que faz com que uma afirmação ou crença seja verdadeira? Alguns filósofos sustentam que uma determinada crença é verdadeira quando ela é coerente com outras crenças que se tem — quando faz parte de uma rede consistente de crenças. O problema disso é que coerência e consistência não podem ser critérios suficientes para determinar a verdade, visto que essas relações entre crenças são compatíveis com sua falsidade: as crenças de que a grama é azul e de que a neve é púrpura são perfeitamente consistentes entre si, mas nenhuma delas é verdadeira. As crenças precisam ser adequadas ao mundo para ser verdadeiras, não meramente adequadas umas às outras. Isso conduz à chamada Teoria da Correspondência: uma crença é verdadeira quando corresponde aos fatos. Isso parece estar nos trilhos certos, mas é um tanto obscuro o que seria essa relação de correspondência, e a menção de fatos suscita questões sobre que espécie de entidade eles são. Por essas razões, entre outras, muitos filósofos do século XX favoreceram a Teoria da Redundância da verdade — e foi esta a visão que defendi em minhas aulas. Dizer que uma crença é verdadeira é simplesmente dizer que as coisas são como se acredita que elas são. Dizer que a crença de que a neve é branca é verdadeira seria tão simplesmente dizer que a neve é branca; a palavra "verdade" existe na nossa língua apenas para evitar a repetição — estritamente falando, ela é redundante. Para explicar o conceito de verdade não precisamos portanto apelar para obscuras relações de correspondência e entidades dúbias chamadas fatos; podemos apreender o modo como a verdade é determinada para se adequar ao mundo, simplesmente percebendo que chamar uma crença de verdade nada mais é do que um modo indireto de fazer uma afirmação sobre o mundo. Se digo que sua crença de que fumar causa câncer é verdadeira, estou simplesmente concordando com você que fumar causa câncer. O problema filosófico aparentemente profundo da verdade desaparece, uma vez que percebemos a verdadeira função da palavra em nossa língua: "Verdade" é uma palavra que usamos para falar indiretamente sobre o mundo, quando achamos inconveniente ou inapropriado falar diretamente sobre ele. Não é nenhuma relação misteriosa e inescrutável de crenças que se relacionam aos fatos, sejam eles quais forem. Para uma afirmação ser verdadeira, basta que o mundo seja como se afirma que ele é — ponto final, fim de papo.

Ainda penso que essa teoria da verdade está basicamente correta, embora eu precise qualificá-la um pouco agora. Ela era certamente atraente em relação ao pragmático elenco da minha mente nessa época. Tínhamos a teoria formal de Tarski e a teoria da redundância, e juntas elas contavam toda a verdade sobre a verdade. Essa era a minha mensagem para os alunos: a verdade fora domesticada, esvaziada, desmistificada. Durante o curso, o chefe do departamento de filosofia, Richard Wollheim, cujo principal interesse era a psicanálise, assistiu a uma das minhas aulas, para avaliar minha didática. "Muito bom, Colin", ele disse, com sua voz melíflua, "mas você segue o método escolar de dar aula — fica falando de costas para a sala o tempo todo." Na verdade eu estava tão envolvido com a articulação das idéias que não prestava atenção ao modo como ensinava. Resolvi trabalhar mais o meu estilo didático e em poucos anos eu já conseguia encarar os alunos durante a maior parte da aula. Nunca tive muito talento para representar e tento fazer com que a minha clareza de raciocínio compense essa falha.

Nessa época eu estava muito interessado no conceito de necessidade, parcialmente estimulado pelo trabalho inovador de Kripke. Dentre as coisas que são verdadeiras, algumas o são de uma forma especialmente poderosa — elas são necessariamente verdadeiras. Essas verdades diferem de outras que poderiam ser diferentes — aquelas que são apenas eventual ou acidentalmente verdadeiras. Por exemplo, é verdade que sou um filósofo, mas isso não é uma verdade necessária: é perfeitamente concebível que eu pudesse ter escolhido alguma outra profissão — e me tornado um psicólogo, um baterista, um bombeiro. A maioria das verdades é assim: ocorre de elas serem verdades, mas não o são "em todos os mundos possíveis". Estou tomando café descafeinado agora, mas não seria difícil conceber algo diferente no lugar disto. Compare casos desse tipo com algo como o número dois ser um número par ou solteiros não serem casados ou qualquer coisa que é idêntica a si mesma. Quando você pensa sobre isso, percebe que esses fatos não poderiam ser diferentes: O número dois não poderia ser ímpar e continuar sendo o número dois; solteiros são por definição pessoas que não são casadas, portanto não há sentido no conceito de um solteiro que é casado; um objeto não poderia deixar de ser idêntico a si mesmo, independentemente de todas as peculiaridades que possa ter. Então, essas são verdades necessárias — elas permanecem sendo verdades "em todos os mundos possíveis". Existe uma constância em sua verdade, uma incapacidade de ser algo mais que a verdade. Nem mesmo Deus poderia torná-las falsas.

Agora, quando perguntamos de que depende a necessidade de uma verdade necessária, é comum encontrarmos a seguinte resposta: ela resulta dos nossos conceitos, da nossa linguagem, da nossa maneira de descrever as coisas. Desse modo, faz parte do *conceito* do número dois que ele seja par; está inscrito no *significado* da palavra "solteiro" que solteiros não são casados; está implícito na própria *idéia* de um objeto ele ser idêntico a si mesmo. Em certo sentido, estes exemplos parecem tautologias triviais, como dizer que um triângulo tem três ângulos. Conhecemos essas verdades necessárias pelo simples fato de conhecermos nossa língua; não se trata de elas refletirem algum fato sobre a realidade que existe independentemente da linguagem. A palavra técnica para essa característica é "analítica": essas verdades necessárias parecem analíticas no sentido de dependerem puramente da análise do significado dos termos envolvidos, não de algo que se encontra fora da linguagem. As verdades contingentes, em comparação, dependem realmente de fatos externos à linguagem: o que torna verdadeiro eu estar tomando café descafeinado não é simplesmente o significado dos termos "café", "beber" e "eu", mas o fato de o mundo estar configurado de uma determinada maneira. Não se pode, portanto, jamais saber que uma verdade contingente é verdadeira com base apenas na análise dos significados das palavras que a compõem; é preciso observar como o mundo está constituído realmente lá fora. Assim é muito natural acreditar — e assim afirma uma tradição filosófica dominante, o *empirismo* — que as verdades necessárias são todas analíticas, questões de definição lingüística, enquanto as verdades contingentes são todas "sintéticas", significando que elas não são uma questão de definição, mas dependem de fatos que transcendem a linguagem.

Entretanto, Kripke questionou esse quadro sistemático, argumentando que algumas verdades necessárias são válidas independentemente dos significados lingüísticos. Seu exemplo mais controverso envolve os antepassados familiares. Cada um de nós nasceu de pais biológicos específicos — no meu caso Joe e June. Isso claramente não diz respeito apenas à questão do significado do nome "Colin McGinn": muitas pessoas que sabem meu nome não conhecem meus pais, portanto não é possível analisar meu nome e descobrir minha ascendência. Mas quando você reflete sobre isso, parece que estamos lidando aqui com uma verdade necessária: eu não *poderia* ter nascido de ninguém, exceto de Joe e June. Temos de tomar cuidado em interpretar essa afirmação corretamente: é claro que é possível que algum erro tenha ocorrido, que na verdade eu seja filho de Jack e de Ethel e que Joe e June me levaram do hospital alegando que eu era filho deles — coisas mais estranhas já ocorreram. Mas *dado* que realmente é verdade que Joe e June são meus pais, isso não parece o tipo de fato que podia ter sido diferente. Eu poderia ter nascido em um hospital diferente ou em casa, sem que isso comprometesse minha identidade, mas não existe possibilidade real de eu nascer de pais diferentes e ainda assim ser quem eu sou. Estou ligado aos meus pais pelos vínculos da necessidade, e esta necessidade não resulta da linguagem. É uma necessidade inscrita na natureza das coisas — uma "necessidade *de re*", de acordo com o jargão. É apenas um fato a meu respeito eu não poder ter tido pais diferentes, e isso não tem nada a ver com o significado do meu nome. Portanto, a própria realidade pode conter as assim chamadas propriedades essenciais. Os objetos dão origem a necessidades independentemente da linguagem. Mesmo que não houvesse linguagem, ainda seria uma verdade necessária a minha origem se encontrar em Joe e June. Nem toda necessidade é analítica. Isso derrubou a tradição empirista que situava toda necessidade na linguagem.

Os meus dois primeiros trabalhos publicados, escritos durante o meu primeiro período após chegar em UCL, tiveram como tema as propriedades essenciais. Um deles era sobre essas propriedades do ouro e de outras "espécies naturais": nele eu argumento que não é apenas a estrutura molecular do ouro uma propriedade essencial que ele tem, mas suas propriedades mais superficiais também — maleabilidade, condutividade etc. —, uma vez que estas necessariamente decorrem da estrutura molecular do ouro. O ouro não poderia ter as propriedades superficiais da borracha e continuar sendo ouro. Assim existem necessidades *de re* em todos os níveis da natureza. O outro trabalho que escrevi era sobre a necessidade da origem. Nele eu tentei explicar a alegação de Kripke sobre o parentesco essencial, generalizando a idéia de origem. Não são apenas pais e filhos; são avós, irmãos e irmãs, primos; e o mesmo se aplica às entidades biológicas em geral. A partir disso se conclui que eu não poderia ter existido a menos que um par de macacos tivesse existido no passado para dar seqüência à linha evolucionária que acabou dando em mim; de fato, sem um conjunto específico de organismos primitivos no vago e distante passado evolucionário eu nunca poderia ter existido. Isto é: não há nenhum mundo possível concebível no qual eu exista e os organismos que se encontram realmente na minha linha ancestral também não existam. Não posso ser retirado daquela linha e colocado em outra linha e ao mesmo tempo manter a minha identidade. Isso significa que nem mesmo Deus poderia me criar sem me colocar naquela linha. Ele poderia criar uma pessoa exatamente *igual* a mim — meu gêmeo perfeito —, sem trazer Joe e June para a história (e toda a árvore biológica que se estende por trás deles), mas ele não teria me produzido desse modo (evidentemente, eu não sou exatamente a mesma pessoa que meu gêmeo, uma vez que somos dois e não um). Assim como Deus não poderia criar um mundo no qual o número dois fosse ímpar, ele também não poderia criar um mundo no qual eu me originasse de outros senão de Joe e June; por exemplo, não existe um mundo onde eu tenha nascido dos pais de Elvis Presley. Mais precisamente: a minha origem tem de estar no esperma e óvulo específicos que de fato me deram origem, não no esperma e no óvulo de outras pessoas que não os meus pais verdadeiros. Isso dá um novo significado à idéia de "laços de família", e eu diria que os psicanalistas foram buscar na necessidade da origem uma justificativa para o papel determinante dos pais na fixação da essência de alguém. Em todo caso, os vínculos parentais são metafisicamente tão fortes quanto a paridade do número dois ou o estado de solteiro dos solteiros. Rompa-os e não se tem mais a mesma pessoa.

Utilizei umas duas vezes a frase "mundo possível". Os mundos possíveis receberam muita atenção em meados dos anos 70, quando as pessoas tentavam compreender o que se queria dizer com isso. É uma expressão que flui suavemente da língua e reúne convenientemente as nossas crenças intuitivas acerca do que é necessário e do que é contingente: se alguma coisa é necessária, então ela é válida em todos os mundos possíveis, ao passo que se é meramente contingente, então só é válida em alguns mundos possíveis. Mas o que é um mundo possível? Existem realmente tais coisas? Se existem, onde estão? E como se comparam ao mundo verdadeiro? David Lewis, agora em Princeton, decidiu ir fundo nessa questão, sustentando que os mundos possíveis — digamos, o mundo no qual me tornei um baterista, não um filósofo — são tão reais e concretos quanto o mundo verdadeiro. Lewis sustenta que outros mundos possíveis contêm "duplos" de mim, tão reais quanto eu, pessoas de carne e osso, situadas no tempo e no espaço, envolvendo-se com todo tipo de coisas com as quais eu nunca me envolveria no mundo verdadeiro. O mundo verdadeiro difere desses outros mundos apenas na medida em que me refiro a ele com a palavra "verdadeiro", mas não em sua natureza ontológica intrínseca (aqueles outros mundos também são mencionados por seus sujeitos, quando dizem "o mundo verdadeiro"). Para Lewis, a possibilidade é como o espaço: todas as partes do espaço são igualmente reais, incluindo aquelas que não estão na minha vizinhança; só que distinguimos apenas uma parte do espaço com a palavra "aqui", e damos a isso uma relevância especial. Tomando emprestada uma frase de Kripke, Lewis considera os mundos possíveis mais propriamente como terras distantes que não podemos alcançar, mas não menos reais do que o lugar em que vivemos.

Como Lewis muitas vezes reconheceu, essa teoria da possibilidade é freqüentemente encarada com "olhares incrédulos", como se as pessoas não pudessem acreditar que ele esteja dizendo o que está dizendo; mas Lewis sustenta que essa formulação fornece a melhor descrição geral dos conceitos de necessidade e de possibilidade. É verdade que Lewis tem uma aparência que lembra um extraterrestre, com uma acentuada fixidez de expressão, uma barba longa e rala pendendo da parte inferior do queixo e uma voz precisa e robótica. Talvez, para ele, o espaço dos mundos possíveis seja tão real quanto o verdadeiro mundo que o circunda por inteiro; ouvi dizer que ele é um péssimo motorista. De qualquer modo, o "realismo modal" radical de Lewis não angariou muitos adeptos, apesar do brilhantismo do seu argumento principal. Escrevi um longo texto sobre esse assunto no final dos anos 70, intitulado "Realidade Modal", no qual negava a existência de mundos possíveis, mas insistia que a necessidade permanecia como um traço objetivo do universo. Eu era um realista quanto à necessidade, mas um cético em se tratando de mundos possíveis. Mas devo confessar que tenho um certo ponto fraco pelos mundos possíveis, como Lewis os interpreta: é estranhamente reconfortante pensar que tenho todos esses duplos de mim pulverizados em outros mundos possíveis, vivendo essas vidas diferentes da minha, algumas delas em situação pior do que a minha (embora outras me despertem inveja); e gosto da ousadia pura da concepção de Lewis. Mas, como com a idéia do paraíso, apesar de que seria bom se essas realidades alternativas existissem, eu simplesmente não consigo acreditar que elas existam. Existe apenas o mundo verdadeiro e seus habitantes (e é grande o bastante para conter tudo que há).

O leitor ou leitora pode estar imaginando a esta altura por que não está sendo agraciado com uma retrospectiva da minha ansiedade em conseguir um cargo efetivo, especialmente em vista das atribulações hesitantemente delineadas nos capítulos anteriores. Um cargo efetivo: o derradeiro tormento da vida acadêmica. A razão pela qual não estou elaborando o trauma de conseguir um cargo efetivo é que o sistema de efetivações na Inglaterra, nessa época, não era muito oneroso. Contanto que você fizesse o trabalho e escrevesse alguns textos publicáveis, o diretor do departamento, de um modo geral, o recomendaria para uma efetivação automática, o que significava segurança até a aposentadoria. Eu começara a publicar artigos em revistas conceituadas (*Analysis, Journal of Philosophy, Mind*) logo após ter chegado à UCL, de modo que não havia nenhum risco real de eu não obter uma efetivação, o que de fato aconteceu cerca de dois anos depois, sem muito alvoroço ou fanfarra. O que na verdade eu sentia era uma ansiedade juvenil de estabelecer uma boa reputação, mas a efetivação não era para mim o penoso pesadelo que é para muitos jovens acadêmicos na América. Ela foi obtida com mais facilidade do que a maioria das coisas.

Não que tudo tenha corrido com tranqüilidade para mim. Alguns anos depois de ter ido para a UCL, me candidatei por três vezes a um cargo de orientador em Oxford. Como já mencionei anteriormente, desejara ter ficado em Oxford após o bacharelado em filosofia, e ainda sentia que Oxford era o centro da filosofia na Grã-Bretanha; além disso, Londres era cara e inconveniente para alguém que ganhava um salário tão modesto quanto o meu (ainda morava num quarto de um apartamento de outra pessoa — embora esse agora fosse grande e tivesse uma escrivaninha para escrever). Como nessa época eu já tinha um histórico razoavelmente sólido de publicações, alimentava a esperança de ser indicado para uma das faculdades de Oxford. Mas não fui indicado para nenhuma, embora tenha sido entrevistado em duas delas. Senti na ocasião (e ainda sinto — apesar de isso não ser coisa que se deva dizer) que fui passado para trás, e que as pessoas selecionadas em meu lugar não eram necessariamente os melhores candidatos. E então provei pela primeira vez o gosto amargo da política acadêmica e suas práticas de favoritismo. Desde então tenho testemunhado inúmeros casos como esse, embora nenhum que me envolva. Mas com meus poucos vinte e seis anos eu era ingênuo e acreditava que as pessoas estavam sempre dispostas a indicar os mais capacitados para os cargos — e não, digamos, aqueles que apoiariam seus pontos de vista e não fariam o barco balançar. Resignei-me a permanecer em Londres — um destino não tão ruim assim — e tirei da cabeça a idéia de voltar a Oxford. E penso, fazendo um retrospecto, que isso foi provavelmente a melhor coisa que podia ter me acontecido; possibilitou-me alcançar o tipo de independência intelectual tão necessária na filosofia. Os meus pensamentos começaram, entretanto, a acalentar a idéia de mudar para os Estados Unidos, onde eu acreditava (corretamente) que a competição seria mais justa e o mundo filosófico menos dominado por uma única instituição. Ao menos estava estimulado para fazer uma viagem aos Estados Unidos e vivenciar sua atmosfera filosófica em primeira mão. Eu praticamente não havia saído da Inglaterra nessa época, principalmente pela escassez de dinheiro, e ter sido consistentemente rejeitado em Oxford me colocou na rota para deixar o país em que nasci, embora isso só viesse a ocorrer alguns anos mais tarde.

Uma influente figura de Oxford nessa época era Michael Dummett, filosófo da linguagem e da matemática, que passara a maior parte da sua vida acadêmica no All Souls College, sem dar aulas (o All Souls é uma instituição exclusivamente para pesquisa). Publicara um livro extenso e influente sobre Frege, o matemático alemão do final do século XIX que tanto fizera para determinar a forma da filosofia analítica. De acordo com Dummett, a maneira certa de fazer metafísica era por meio da filosofia da linguagem: se quer saber a respeito da estrutura básica da realidade, você deve investigar como falamos da realidade. Isso fazia parte da "virada lingüística" que caracterizou a filosofia do século XX, porém Dummett tinha muito mais guardado do que o "filósofo da lingüística" comum. Seu interesse máximo era a questão do idealismo *versus* realismo — se o mundo de algum modo depende da nossa mente ou se independe totalmente dela. Esta é uma velha questão filosófica: a doutrina do idealismo havia sido central na filosofia, depois de Berkeley, Hegel, Bradley e outros; o que Dummett trouxe a esse debate foi uma filosofia da linguagem mais sofisticada. A questão passou a ser: os significados de nossas sentenças devem ser explicados em termos da evidência que temos ao expressá-las, ou seria uma questão de condições de verdade que não guardam quaisquer relações intrínsecas com as evidências? Isso se liga ao idealismo — a doutrina de que o mundo é em última instância mental —, porque a evidência que temos para as nossas crenças se resume aos estados sensoriais que nos levam a acreditar no que acreditamos. Por exemplo, se afirmo que "Há uma mesa marrom nessa sala", digo isso pela evidência dos meus sentidos — ou seja, porque me *parece*, visualmente, que há uma mesa ali; e esse parecer é um estado do meu sistema sensorial, um estado mental em que me encontro. Portanto se o significado da sentença tem de ser explicado em termos evidenciais, depreende-se que sua verdade envolve estados sensoriais, tais como parecer ver uma mesa. Esta é a assim chamada posição anti-realista (ou idealista). Um realista, por sua vez, dirá que a sentença diz respeito a uma mesa e uma sala, cuja existência é totalmente independente de qualquer estado sensorial que eu possa ter ou de atos de expressão que eu possa efetuar. Para um realista, esses estados sensoriais ou atos de expressão são uma *conseqüência* da existência dos objetos físicos, como eles causalmente atuam sobre os nossos órgãos do sentido, mas não são eles o que *constitui* os objetos físicos. O realismo sustenta que os objetos são intrinsecamente causas independentes-damente de estados mentais que nos fornecem evidência de sua existência.

Ou considere declarações a respeito do passado. Eu afirmo "Fiz o segundo grau em Blackpool", devido à lembrança que tenho de que isso aconteceu, mas, quanto ao passado, um realista as diferenciaria prontamente do fato que estou afirmando, que poderia ser asseverado quer eu tenha ou não tal lembrança. As lembranças são a minha evidência para a alegação em relação ao passado, mas não são aquilo de que se trata essa evidência. Conseqüentemente, a alegação poderia em princípio ser verdadeira mesmo que eu não tenha qualquer lembrança de ter estudado naquela cidade (por exemplo, se tenho amnésia). Falando de um modo geral, declarações no tempo passado podem ser verdadeiras ou falsas independente de se ter qualquer evidência presente que possa deixá-lo em condições de decidir a questão. No jargão filosófico, as declarações a respeito do passado estão sujeitas à lei da "bivalência", que estipula que uma série de declarações são conclusivamente ou verdadeiras ou falsas, quer consigamos ou não descobrir quais desses "valores-verdade" elas possuem. Um anti-realista, entretanto, dirá que as minhas declarações estão de fato vinculadas às minhas lembranças, já que o significado delas é fornecido pela evidência que tenho para asseverálas (essa visão é também chamada de "verificacionismo"). Uma das conseqüências da posição anti-realista sobre o passado é que se não houver nenhuma evidência em um dos dois sentidos a respeito da verdade de alguma declaração no tempo passado, então não se pode dizer que a declaração *seja* falsa ou verdadeira. Assim se eu disser "Tinha um cervo no meu jardim há exatamente dez anos", essa sentença não será nem verdadeira nem falsa, se ninguém tiver qualquer evidência em um dos sentidos; entretanto, de acordo com o nosso modo comum de pensar, ou havia ou não havia um cervo no meu jardim há dez anos, independente do que alguém possa lembrar ou reconstituir. O passado, para um anti-realista, é realmente construído a partir das lembranças que temos dele e não possui realidade independente dessas lembranças; enquanto para o realista o passado consiste em um conjunto de fatos que prevalece quer tenhamos ou não tais lembranças. A posição do realista não é que podemos *conhecer* o passado sem qualquer lembrança dele; isso é obviamente impossível. Mais propriamente, o realista sustenta que o passado *em si* transcende nossas atuais lembranças a respeito dele e não é constituído por essas lembranças. A realidade é o que é, sustenta o realista, quer possamos ou não reconhecê-la, enquanto o anti-realista pensa que a realidade é em última instância um produto dos nossos estados cognitivos. Assim como a realidade de um personagem ficcional de um romance é esgotada por tudo que o autor atribui à sua história, o mundo em geral também é uma criação do desenvolvimento humano. E assim como não existe uma resposta para a questão de se Hamlet tinha ou não uma verruga no ombro direito — já que Shakespeare não se preocupou em fornecer qualquer detalhe sobre esse pormenor —, também o passado conterá falhas onde a lembrança é incerta. Lacunas na memória são lacunas no passado para o anti-realista, assim como as lacunas na descrição feita por Shakespeare sobre Hamlet são lacunas em *Hamlet*.

Eu discordava totalmente dessa visão anti-realista do mundo. Mas em filosofia você precisa ser capaz de refutar o argumento do outro antes de poder alegar que está pisando em solo firme, portanto tive de pesquisar os argumentos obscuros e complexos de Dummett para descobrir o que havia de errado com eles. Talvez tenha perdido tempo demais nesse projeto, concluindo no final que os argumentos de Dummett continham um número de falhas evidentes. O principal problema era que ele supunha desde o início que compreender uma sentença é uma questão de ser capaz de verificá-la. Mas um realista questionará isso imediatamente: por que não supor que compreender uma sentença é uma questão de saber o que a tornaria verdadeira, quer possamos ou não vir a descobrir se ela é verdadeira? Temos dois tipos de conhecimento a respeito de qualquer situação específica: no que ela consiste em si, e o que contaria como evidência para se acreditar que ela ocorreu. Assim, eu sei o que seria haver uma mesa na sala ao lado, já que tenho uma concepção de objetos físicos no espaço objetivo, e também sei que tipo de evidência me faria asseverar isso, a saber, a experiência de ver essa mesa. Para que juntar essas duas partes de conhecimento? Apenas, ao que parece, para insistir que a primeira forma de conhecimento é redutível à segunda; mas isso nada mais é que pressupor o anti-realismo (ou verificacionismo) desde o início.

A questão geral aqui é que é errado confundir a própria realidade com nossos meios de conhecê-la. A realidade é uma coisa; o nosso conhecimento dela, outra coisa. O passado não é o mesmo que as nossas lembranças dele; os objetos físicos não são o mesmo que os nossos estados sensoriais, quando os percebemos; a mente dos outros não é o mesmo que o comportamento que utilizamos para inferir coisas a respeito dela; o futuro não é a mesma coisa que as atuais indicações de como ele será; as partículas elementares não são o mesmo que as leituras do medidor que sinalizam sua presença; e assim por diante. De fato, há exceções a essa regra geral; como já mencionado, a realidade das entidades ficcionais não ultrapassa a intenção dos autores — elas são inventadas, não descobertas. É por isso que as chamamos *ficções*, e distinguimos ficção de não-ficção em livrarias e bibliotecas. Detetives reais não são o mesmo que detetives ficcionais — é claro que não são.

E existem casos mais controversos e interessantes, como a cor. Os objetos possuem cores independentemente da visão humana? As cores certamente parecem estar ali fora, espalhadas sobre os objetos que vemos; elas não parecem ser itens no interior da mente perceptiva. Mas podem as cores e a experiência delas ser completamente independentes? Consideremos um experimento-pensamento (o equivalente do filósofo ao experimento empírico habitual): suponhamos que existam marcianos que também possuem um sentido da visão no qual os objetos parecem ter certas cores, e suponhamos que eles percebam a mesma amplitude de cores que os seres humanos. Entretanto, suponhamos também que ocorra uma peculiar inversão na percepção de cor que os marcianos têm: o que para nós é vermelho, para eles é verde e vice-versa. Enquanto olho para uma rosa e vejo que ela é vermelha, eles olham para a mesma rosa e a vêem como verde, mas a grama verdejante parece escarlate para eles. Assim se passa com todos eles, exceto com alguns marcianos daltônicos, e sempre foi desse jeito. Qual de nós vê a cor correta da rosa? A pergunta parece mal formulada; dificilmente nós que vemos a rosa vermelha estaríamos errados e os marcianos certos, e seria um preconceituoso aquele que insistisse que os marcianos não conseguem ver da maneira correta. Por que ambos não poderiam estar certos? Se gosto do sabor da beterraba e você não, não faz sentido dizer que um de nós está certo quanto ao sabor da beterraba e o outro não. Ou considere o gosto da carne podre para um urubu em contraste com o gosto que teria para um ser humano. A cor é assim; a cor de um objeto é a cor que ele parece ter para observadores comuns em condições normais, mas no caso dos marcianos o que é normal para eles não é normal para nós. O que precisamos reconhecer aqui é que as rosas que são vermelhas para nós são verdes para os marcianos, sem que nenhum dos dois lados esteja errado. Em outras palavras, a cor tem relação com o observador. É razoável para nós o erro perceptivo sobre a cor *dentro* de uma classe de observadores, como quando a icterícia faz com que tudo pareça amarelo para a pessoa que tem essa doença; mas não nos é razoável que tal erro incorra *ao longo* de grupos de observadores. A cor está no olho do observador, basicamente. Portanto não podemos de modo apropriado desassociar a cor de um objeto das experiências que o objeto produz na mente; a cor é um aspecto da realidade dependente da mente. Ela é, como os filósofos dizem, uma característica dos objetos para produzir experiências nos observadores.

Mas isso não quer dizer que *todas* as propriedades dos objetos sejam semelhantemente dependentes da mente. As formas e tamanhos dos objetos não são absolutamente dependentes da mente da mesma maneira: se para os marcianos os objetos que nós corretamente vemos como grandes e redondos são pequenos e quadrados, então eles os vêem erroneamente; não podemos ambos estar certos quanto à forma e ao tamanho de alguma coisa, se a vemos de modo muito diferente. A forma e o tamanho são aspectos objetivos das coisas, enquanto a cor tem uma natureza subjetiva. Portanto os filósofos tradicionalmente distinguem as "qualidades primárias" das coisas, objetivas e independentes da mente, das "qualidades secundárias" das coisas, subjetivas e dependentes da mente.

O nosso ponto de vista perceptivo habitual incorpora tanto a dimensão subjetiva quanto a objetiva, tanto as cores quanto as formas (como também as propriedades reveladas pelos outros sentidos). Mas também buscamos — especialmente na ciência — representar para nós mesmos como é o mundo quando seus aspectos subjetivos são removidos; é isso o que a física intenta e consegue fazer. Na física, tudo são comprimentos de ondas e fótons, não cores vibrantes. O modo como a física fala a respeito do mundo é inteiramente objetivo, mencionando apenas as propriedades que as coisas possuem, quer exista ou não alguma mente para percebê-las. (Os próprios físicos podem nem sempre ser inteiramente "objetivos", i.e., livres de tendências e preconceitos — mas essa é uma outra questão.) Isso dá origem a um intricado problema: por que não vemos o mundo apenas como ele objetivamente é? *Poderíamos* então ver o mundo? Poderia haver uma forma de visão limitada apenas aos aspectos objetivos das coisas, não permitindo cores? Isso significaria ver as propriedades das coisas que a física postula, sem no entanto ver cores nessas coisas. Mas seria razoável para nós *ver* os objetos sem cores? Não estou me referindo a ver objetos transparentes ou objetos pretos, brancos ou cinza, já que estes envolvem cores também — vistas ou através do objeto transparente ou devido à existência de cores acromáticas. Estou me referindo a ver objetos sem que eles tenham qualquer espécie de cor estimulando o seu campo visual, nem mesmo um cinza fosco. Isso parece impossível de ser concebido: não existe uma visão sem *algum* tipo de percepção de cor. Portanto a visão é essencialmente subjetiva; ela não *poderia* nos oferecer apenas a verdade objetiva sobre o mundo. O mundo que a física descreve não poderia ser um mundo perceptivo.

Escrevi um livro sobre esse assunto, enquanto lecionava em Londres, intitulado *The Subjective View* (publicado em 1982). O que me fascinava nessa questão era que o mundo como é, em si mesmo, independentemente da mente humana, não é um mundo que a mente humana pudesse apreender a não ser teoricamente. Vemos de fato os objetos físicos e suas propriedades, mas não podemos esperar que possamos vê-los de forma puramente objetiva, do modo exato como são representados na física; estamos necessariamente encerrados no interior de nossa perspectiva perceptiva subjetiva. Apesar disso, a razão humana nos possibilita a sair realmente da nossa necessária subjetividade perceptiva para elaborar uma representação do mundo que é puramente objetiva. Dispomos de conceitos que não contêm nódoas subjetivas, ainda que a percepção seja irremediavelmente subjetiva. Esse é um aspecto notável da razão humana — sua capacidade de transcender o ponto de vista perceptivo subjetivo e descrever o mundo como ele é, independente daquela visão. O intelecto humano funciona como um dispositivo de distanciamento da nossa composição subjetiva. É quase como se tivéssemos um *self* subjetivo *e* um *self* objetivo (Thomas Nagel, de quem falarei mais adiante, escreveu um livro primoroso sobre essa dicotomia subjetivo/objetivo, chamado *The View from Nowhere*). Não acredito que outros animais sejam capazes desse tipo de transcendência cognitiva para uma absoluta objetividade, já que estão muito mais confinados ao seu ponto de vista perceptivo determinado; somente nós sabemos como o mundo é constituído, independente da perspectiva natural que temos dele. É isso o que a ciência fundamentalmente é: um modo de descrever o mundo que se abstrai das particularidades e dos preconceitos humanos. O exemplo mais óbvio dessa "des-centralização" é a astronomia: vemo-nos agora ocupando um pequeno planeta de um vasto universo, não mais no centro de tudo, sujeitos às leis universais da natureza — embora certamente não seja dessa forma que as coisas naturalmente mostrem-se para nós.

Quando penso sobre esses temas, lembro-me do meu velho amigo Ian McFetridge, uma constante presença local na cena filosófica londrina. Ele chegara em Londres na mesma época que eu para lecionar na Birkbeck College, e vinha de Cambridge. Era um homem baixo e resistente, com um pequeno bigode, olhos castanhos ígneos e modos esfuziantes. Começamos a conversar sobre filosofia pouco depois de chegarmos, pois compartilhávamos um interesse comum por filosofia da linguagem e lógica. Eu apreciava sua inteligência rápida e vigorosa e seu bom julgamento filosófico. Era o tipo de filósofo que percebia imediatamente o que você estava dizendo e sempre tinha algo a acrescentar, crítica ou construtivamente. Às vezes podia ser um pouco animado demais, como se pequenas explosões estivessem sendo detonadas na sua cabeça, mas eu gostava da sua seriedade e apurado senso filosófico. Também gostava de sua pessoa: era bem-humorado, generoso, entusiasmado, compassivo, humano. Quando acabavam as aulas do dia, freqüentemente eu dava um pulo até Birkbeck para me encontrar com Ian, que lecionava principalmente à noite: se ele não estivesse na sua sala, era sinal de que já tinha ido para o bar. Eu pedia a minha meia caneca de cerveja de costume, enquanto Ian entornava suas canecas inteiras de cerveja com uma velocidade impressionante. Fofocávamos e conversávamos sobre filosofia, às vezes acompanhados de outras pessoas. Eu testava a minha última idéia nele, ou ele em mim, e nosso diálogo era sempre esclarecedor; eu valorizava imensamente as suas opiniões sobre o meu trabalho. Então, após virar cerca de cinco canecas, ele avisava subitamente que tinha de ir para dar uma aula. Nunca deixei de me impressionar com isso: eu começava a perder minha lógica filosófica lá pelo meio da terceira meia caneca de cerveja, enquanto Ian estava perfeitamente coerente após sua quinta caneca, sem dúvida se encaminhando para ministrar uma aula brilhante.

Mas Ian tinha problemas. Ele se preocupava obsessivamente com seu trabalho, afligindo-se se havia falta de produtividade, e tudo que escrevia parecia emergir de um profundo poço de angústia (o que ele escrevia era excelente). Isso me deixava pouco à vontade, pois me sentia satisfeito com meu ritmo de produção. No entanto, ele era sempre generoso em relação ao meu trabalho. Fumava e bebia demais, apesar de sua capacidade de controlar a bebida (ou talvez por causa disso). Ele também tinha dificuldade em se reconciliar com sua homossexualidade, embora se esforçasse bastante. Tudo isso aliado a um temperamento maníaco-depressivo, que foi ficando mais pronunciado ao longo dos anos em que convivi com ele. Ele cometeria suicídio em 1987, aparentemente durante um surto de depressão e em estado de embriaguez. Nessa época eu já tinha me mudado de Londres e fazia um ano ou mais que não recebia notícias dele, embora tenha sabido através de amigos que ele estava tendo problemas psicológicos. Sinto falta dele como um parceiro de filosofia e como o excepcional ser humano que era, e lembro-me dos bons tempos de juventude em que passamos juntos discutindo filosofia nos *pubs*. E naturalmente gostaria de ter podido fazer alguma coisa para evitar a terrível tragédia de sua morte prematura. Existe agora uma sala de aula no departamento de filosofia da Birbeck College que leva o seu nome, um atestado ao respeito que lhe era conferido.

Meus anos em Londres também presenciaram um ressurgimento do meu interesse pela mente. Eu deixara esse assunto de lado desde que abandonei a psicologia alguns anos antes e sentia uma espécie de fobia de que seria forçado a voltar para ela (às vezes sonhava, para meu descontentamento, que ainda era um psicólogo). Durante anos considerei minha formação psicológica como um passado sombrio e desonroso que precisava esconder, caso quisesse ser levado a sério como filósofo. No entanto, alguns fatores conspiraram para me trazer de volta à mente. Primeiro, alguns dos filósofos da linguagem pelos quais eu mais me interessava também tinham escrito sobre filosofia da mente de um modo significativo — Kripke, Davidson, Quine, Putnam e outros. Como seus trabalhos eram inter-relacionados, eu não conseguia evitar muito bem os trechos escritos sobre filosofia da mente. Segundo, estava ocorrendo um interesse renovado pela filosofia da mente dentro da própria filosofia, na medida em que se tornou evidente que muitas das questões de filosofia da linguagem eram na verdade questões de filosofia da mente, particularmente aquelas concernentes à referência. Terceiro, eu não conseguia parar de ter idéias sobre a mente — que tinha, afinal de contas, sido meu principal objeto de estudo durante vários anos. Quarto, depois de um número adequado de anos terem passado, deixei de ter medo de não passar de um psicólogo disfarçado; a essa altura, já me tornara um filósofo completo. Podia agora abordar a mente filosoficamente, com confiança.

Havia dois interesses principais que eu tinha sobre esse assunto, que descreverei brevemente agora (voltarei a eles com mais profundidade, mais adiante). No capítulo 3, escrevi sobre nomes próprios e referência: a questão era como um nome consegue se referir a um objeto. Nos anos 70, começou a se tornar evidente que essa questão era na verdade apenas uma expressão indireta de uma outra questão mais fundamental: como os pensamentos conseguem ser sobre as coisas? Se eu disser, "Platão escreveu *A República*", tenho um pensamento significando que Platão escreveu *A República*, e o meu pensamento tem "intencionalidade" — isto é, o meu pensamento é sobre Platão. Podemos então perguntar: o que *faz* o meu pensamento ser sobre Platão? Não é de surpreender que os mesmos tipos de teorias se insinuem aqui em relação à referência dos nomes: será que tenho na minha mente um punhado de descrições que somente Platão satisfaz, ou será que meu pensamento é um elo numa longa corrente causal que conduz de volta ao próprio Platão? A formulação dessas perguntas levou, entre outras coisas, à idéia de uma "linguagem do pensamento" que codifica o processo do pensar: na minha cabeça existe uma palavra para Platão (não necessariamente a palavra "Platão") que se refere a Platão de um jeito ou de outro. A idéia de que o mecanismo de referência desses símbolos mentais é uma espécie de conexão causal entre o objeto e o símbolo começou a se tornar dominante. Assim considerou-se que a palavra apropriada na linguagem do pensamento se referia a Platão em virtude do fato de Platão (o homem em si) ser a fonte causal dominante de ocorrências daquela palavra na formação de crenças. Em termos mais simples: aquilo sobre o que você pensa é uma questão de quais objetos provocam o surgimento de quais símbolos na sua cabeça. Pensar é uma espécie de fala silenciosa, em que os símbolos estão causalmente atrelados aos objetos externos. Ao mesmo tempo, a questão relacionada ao que constitui o conteúdo de um pensamento passou a ocupar um lugar central na discussão: quando você pensa, você sempre pensa *que* alguma coisa — por exemplo, que Londres é a capital da Inglaterra. Mas o que confere a um pensamento aquele conteúdo? E que espécie de coisa é um pensamento-conteúdo? (Discutirei esse tópico mais extensamente no próximo capítulo; menciono isso agora para revelar como o meu interesse pela linguagem se transformou em um interesse pela mente.)

O segundo grande tema que ocupou meu interesse foi o problema notoriamente intricado da mente-corpo. Essa é a questão da relação entre os nossos estados e processos mentais, de um lado, e os estados e processos no nosso cérebro, do outro. Suponha que eu esteja vendo um pássaro amarelo e conseqüentemente tendo uma experiência de amarelo-claro. Ao mesmo tempo, os neurônios numa determinada parte do meu cérebro empreendem uma série de complicados processos físicos envolvendo interações elétricas e químicas. Como estão associados exatamente a experiência e o processamento neural? Os monistas dizem que eles são bastante distintos um do outro, funcionando meramente em paralelo; em princípio, poder-se-ia até mesmo ter um sem o outro. Os monistas dizem que eles são um e a mesma coisa vistos de duas perspectivas diferentes; por conseguinte não se poderia ter um sem o outro, uma vez que não se pode ter uma coisa sem ela mesma. Essa última visão é chamada de "teoria da identidade": sustenta que os estados físicos e mentais são literalmente idênticos, assim como Bill Clinton e o presidente dos Estados Unidos em 1999 são idênticos. A teoria da identidade implica que fatos sobre a mente são *redutíveis* a fatos sobre o cérebro, de modo que a mente nada mais é do que neurônios em ação. E existem outras teorias também: o funcionalismo, por exemplo, afirma que os estados mentais são na verdade uma questão da *função* dos estados cerebrais na economia geral da nossa vida psicológica.

Naqueles dias eu estava atraído pela visão de que cada evento ou estado mental podia ser identificado com um estado cerebral de um tipo ou de outro, mas que não era possível reduzir conceitos mentais a conceitos físicos. Essa visão é freqüentemente chamada de "materialismo não-redutivo", ou "monismo anômalo", e foi particularmente defendida por Donald Davidson. Ela busca ser fiel a uma visão de mundo basicamente materialista, sem fazer com que a mente não seja nada mais do que o cérebro. Mas todo esse assunto sofreria uma transformação radical na minha mente alguns anos mais tarde, ao que chegarei no devido tempo. Nos anos 70 eu estava lutando com um difícil problema e não encontrava nada que realmente me satisfizesse. Algo tinha de acontecer, mas naqueles dias eu não tinha a menor idéia do que podia ser.

O meu primeiro livro de filosofia girou cautelosamente em torno do problema mente-corpo. Eu publicara alguns artigos sobre a filosofia da mente, e a Oxford University Press perguntou-me se eu não escreveria uma introdução à filosofia da mente. Aceitei a oferta e ministrei um curso introdutório sobre o tema como preparação para escrever o livro. Escrevi o livro em seis semanas durante o semestre, seguido de mais um mês de polimento. Dei-lhe o título de *The Character of Mind*, lembrando *The Concept of Mind* de Gilbert Ryle (um livro bem diferente do meu), e ele foi lançado em 1982, com boas críticas, quando eu tinha trinta e dois anos; o livro ainda está sendo publicado, agora em uma edição revista. É um livro escrito de maneira simples, conciso, com um mínimo de jargão, mas com algumas passagens bastante complexas. Dizem-me que foi útil a muitas gerações de alunos, e estou contente por tê-lo escrito, embora na época parecesse que eu estava me desviando daquilo que me interessava pesquisar. Até o presente momento, nunca me imaginara um escritor de livros, preferindo escrever textos, quanto menores, melhor. Escrever *The Character of Mind* me fez experimentar a forma mais longa e perceber que escrever um livro não era o trabalho infindável que eu pensava. É verdade que nunca é fácil escrever filosofia, e que um livro de filosofia é um empreendimento demandante, mas ao menos descobri que tinha forças para me manter firme ao longo do percurso mais longo. No entanto, ainda tenho uma preferência pelo sucinto e tento fazer com que meus livros sejam pequenos e agradáveis. Nada me irrita mais do que um longo tratado de filosofia, no qual o autor nunca vai direto ao ponto ou fica elaborando o óbvio. Sempre me dá vontade de dizer: "Vamos logo com isso!"

As lembranças gerais que tenho dos meus anos em Londres são de uma década de empenho. Trabalhei muito e tirei o mínimo de férias. Tão logo o período terminava, eu me encaminhava direto para os meus escritos. Li muito sobre filosofia. O trabalho de orientador me exigia muito. Eu precisava de toda a energia mental que pudesse reunir. Mas foi uma época intelectualmente estimulante para mim, enquanto começava a transitar no mundo da filosofia profissional, estabelecendo um grupo de bons amigos ao longo do caminho. Não tinha uma idéia clara de onde poderia chegar à filosofia, mas daria o melhor de mim. Olhando para trás, fico impressionado com a minha dedicação e força de vontade. Tinha batalhado muito para me tornar um filósofo e não iria desperdiçar a oportunidade. Gostava de ver o meu nome impresso — que escritor não gosta? — e não era indiferente aos elogios ao meu trabalho. Eu ainda era, no entanto, muito imaturo e filosoficamente limitado, um fruto da minha formação em Oxford. Seria preciso uma mudança de continente para que isso viesse a mudar.

CAPÍTULO CINCO

Crenças, Desejos e Wittgenstein

ATÉ 1979 A MINHA VIDA PROFISSIONAL GIRAVA EM TORNO DE Oxford e de Londres, dois lugares não muito distantes um do outro (você vai para um deles para fugir do outro). Mas a minha mente estava constantemente voltada para a América; os filósofos de quem eu mais gostava eram americanos, e eu preferia publicar meu trabalho em revistas americanas, se pudesse escolher. Nessa época, a Grã-Bretanha estava sem dúvida passando a ocupar um plano secundário em relação aos Estados Unidos no que se referia ao peso e influência filosóficos, apesar da predominância britânica durante quase todo o século XX. Era na América que as coisas estavam acontecendo, filosoficamente falando. Por um lado, a filosofia americana era *maior*, além de mais bem fundamentada. Mas era também o centro da inovação filosófica, com Harvard, Princeton, Berkeley, UCLA e demais universidades do país produzindo trabalhos mais influentes. Portanto, concordei entusiasmado com a sugestão de Richard Wollheim de que eu tirasse uma licença na UCL para visitar uma universidade americana. Ele tinha contatos na UCLA e fez uma sondagem. Após olharem o meu currículo e trabalhos publicados, convidaram-me para uma visita de dois semestres, começando em janeiro de 1980, como professor-assistente visitante. Isso me parecia um feito e tanto, o limiar de um novo patamar: eu era exportável.

Havia porém um obstáculo inesperado — eu não sabia dirigir. Não havia motivo para aprender a dirigir, já que, de qualquer modo, eu dificilmente teria condições de comprar um carro em Londres com meu minguado salário inicial. Mas dirigir, me asseguraram, era uma condição *sine qua non* em Los Angeles, de modo que fiz o que tinha de ser feito para aprender rapidamente a dirigir. Passei no exame de direção poucos dias antes de embarcar para Los Angeles, e realmente não sei o que teria sido de mim se não tivesse passado. No entanto, eu era um motorista inexperiente, acostumado com pequenos carros com câmbio manual e imbuído da teimosa convicção de que os carros trafegam naturalmente pela mão esquerda da estrada. O meu preconceito relativo às estradas e ruas teria de mudar, assim como meus preconceitos filosóficos.

O inverno inglês estava excepcionalmente frio e úmido aquele ano, quando embarquei em um vôo de quatorze horas direto para Los Angeles. Tinha visitado os Estados Unidos uma vez antes — a cidade de Nova York — durante o inverno, tendo ficado principalmente no Brooklyn. Mas a Califórnia era uma novidade para mim. Eu a conhecia basicamente do cinema. Depois de uma viagem cansativa, fui recebido no aeroporto por Tyler Burge, um jovem filósofo da UCLA que eu conhecera cerca de um ano antes em Londres. Ele me levou até um quarto no *campus*, onde eu ficaria o final de semana até encontrar um apartamento para alugar, e fui direto dormir, cansado da viagem. Na manhã seguinte, acordei cedo e fiquei atônito com o que me esperava: palmeiras (nunca tinha visto uma antes), beija-flores (eu pensava que eles existiam somente em zoológicos e na selva) e calor, *calor* (em janeiro!). Parecia realmente aquela cena de *O mágico de Oz* — um dos meus filmes favoritos — em que Dorothy acorda na multicolorida Terra de Munchkin, longe de sua infância preto-e-branca. Após o esmaecido, cinza e gelado inverno inglês, era espantoso encontrar uma Los Angeles quase tropical e estar me sentindo completamente à vontade. Decidi dar um passeio a pé até a praia, sem me dar conta de que suas ruas não eram feitas para caminhar. Depois de duas horas calorentas, sem perceber qualquer aproximação do oceano, tive de pegar um ônibus de volta ao *campus*, para o qual não tinha dinheiro trocado; estava precisando aprender uma ou duas coisas por lá.

Acabei indo morar num quarto extra do apartamento do bibliotecário do departamento de filosofia, perto da igreja Mórmon, em Westwood, não muito longe do *campus* da UCLA. Encontrei Esa Saarinen, um jovem filósofo finlandês que eu conhecera havia alguns meses na Inglaterra, e que também estava de visita à universidade, e logo me juntei a ele (ainda somos amigos íntimos até hoje). Ele já tinha um grande carro americano e era um motorista muito mais seguro do que eu; com sua ajuda, comprei um Chevy Impala 1963, turquesa e branco, por quatrocentos dólares. Era um carro imenso e não tinha direção hidramática, e a buzina tocava automaticamente sempre que você dobrava à direita. Ainda assim, era uma experiência e tanto para mim naquele tempo dirigi-lo no calor de Los Angeles e atravessar o Sunset Boulevard com o rádio ligado. Felizmente não me acidentei, embora tenha recebido uma multa por dobrar na contramão por engano (tentei explicar ao policial que era um professor de filosofia inglês que chegara em Los Angeles há pouco tempo, mas ele não se impressionou com isso). Certa vez também comecei a dirigir pela mão esquerda da rua à noite e só percebi que estava na mão errada quando vi dois enigmáticos faróis vindo diretamente na minha direção. (Esa, meu amigo finlandês, começou a me chamar de "O Ás", num reconhecimento irônico das minhas nem sempre notáveis habilidades práticas, e ainda hoje me chama por esse apelido.) Pedi a um colega do departamento de filosofia para vir comigo no carro e me dar umas orientações, e, quando paramos num sinal, dois jovens pararam ao nosso lado e disseram: "E então, a fim de apostar uma corrida?" Em vez de explicar que ele estava simplesmente me dando uma aula de direção, o meu colega, Warren Quinn, replicou suavemente: "Acho que vocês pegaram os caras errados." Em pouco tempo, já estava dirigindo sozinho, desfrutando a brisa, cantando junto com o rádio (lembro-me particularmente de "My Best Friend's Girl", do The Cars), tentando não parecer demasiadamente um professor de filosofia britânico transplantado. Descobri, no entanto, que as viaturas policiais freqüentemente perfilavam atrás de mim por alguns minutos, simplesmente por causa do tipo de carro que eu estava dirigindo — e, suponho, devido à minha juventude e cabelos compridos. Certa vez, me pararam por suspeita de estar dirigindo alcoolizado (o carro realmente costumava virar para a esquerda, sem motivo) e tive de fazer um teste de bafômetro; o resultado deu negativo, de modo que o policial admitiu que estava errado — mas mesmo assim foi uma experiência desagradável.

Mas nem tudo era ficar dirigindo em Los Angeles, embora algumas vezes parecesse assim; eu tinha a filosofia com que me ocupar. Conduzi um seminário sobre realismo para alunos da pós-graduação e outro sobre teoria do conhecimento para graduandos. Mas o tema que mais despertava interesse naquele tempo eram crenças e desejos: parecia que todo mundo em Los Angeles estava falando de crença e desejo (e não estou simplesmente me referindo à crença em si e ao desejo de ser bem-sucedido). Os filósofos gostam de dignificar esses dois pilares da vida mental com o rótulo de "atitudes proposicionais", pois envolvem uma tomada de atitude em relação a uma proposição. A proposição de que hoje está ensolarado, por exemplo: posso acreditar que é verdade, desejar que seja verdade, esperar que seja verdade, sentir-me desapontado se não for verdade e assim por diante. As proposições especificam estado de coisas, e crenças e desejos são atitudes relativas ao estado de coisas. A mente é em grande parte constituída como o lugar onde as atitudes proposicionais desempenham seus papéis: acreditar, raciocinar, desejar, ter esperança, arrepender-se — a atividade mental diz respeito a tudo isso. Você age como age, em razão das crenças e dos desejos e de outras atitudes proposicionais que possui: sente o desejo de beber uma cerveja, acha que na geladeira tem uma e então se dirige até ela. As atitudes proposicionais constituem o motivo das ações, as forças que modelam o comportamento humano. São elas que nos põem em movimento. Não é surpresa, portanto, que tenham despertado grande interesse nos filósofos da mente. Eis alguns dos modos como os filósofos demonstraram esse interesse.

Como Frege assinalou há tempos, as atitudes proposicionais revelam que o significado de uma palavra é mais do que simplesmente aquilo a que ela se refere. Você poderia pensar que um nome próprio, como "Marilyn Monroe", significa simplesmente o que está por trás dele

— uma certa atriz famosa com os cabelos pintados de louro. Não é Marilyn Monroe mais do que suficiente para determinar o significado do seu nome? Mas há uma simples prova de que essa equação de significado e referência tem de estar errada. Considere o nome "Norma Jean Baker", o nome de batismo de Marilyn Monroe; ele também se refere a Marilyn Monroe, já que Marilyn Monroe *é* Norma Jean Baker. Mas suponha que alguém — chamemos de Jack — acredite que Marilyn Monroe é uma grande atriz cômica, ao mesmo tempo que não tem qualquer opinião formada sobre os dotes teatrais de uma certa mulher chamada Norma Jean Baker. Se você perguntar a Jack o que ele acha da atriz Norma Jean Baker, ele responderá: "Não sei, nunca ouvi falar dela." Ou se Jack foi colega de escola de Norma Jean e não sabe que ela se tornou uma atriz famosa, ele poderia dizer: "Ah, a Norma Jean, ela era totalmente desengonçada." Sem dúvida, Jack acredita que Marilyn Monroe é uma grande atriz, mas não acredita que Norma Jean o seja. Ele concorda com uma proposição e discorda da outra. No entanto, os dois nomes se referem à mesma pessoa. Portanto o significado de um nome é mais do que simplesmente a sua referência. Com base nesse tipo de considerações, Frege afirmou que os nomes têm um "sentido", assim como têm referência, e de acordo com isso o sentido é constituído pela maneira específica com que a pessoa pensa sobre a referência do nome. Quando Jack usa o nome "Marilyn Monroe", ele pode pensar nela como a atriz que viu no filme *Quanto Mais Quente Melhor*, mas esse modo de pensar não é algo que ele associe ao nome "Norma Jean Baker" — que para ele pode ser aquela garota de cabelos castanhos que foi sua colega de segundo grau em uma escola de uma pequena cidade do Meio-Oeste americano. Mesma referência, sentidos diferentes. Usando o próprio exemplo de Frege: posso pensar em Vênus de duas maneiras, ou como o planeta que vejo ao alvorecer ou como o planeta que vejo ao anoitecer, duas das propriedades de Vênus. Se uso dois nomes para Vênus — digamos, "Estrela da Manhã" e "Estrela Vespertina" — que estão associados com esses dois "modos de apresentação" do mesmo planeta, então esses nomes serão diferentes em seus sentidos, embora coincidentes em suas referências. A referência não determina o sentido.

Essa distinção entre sentido e referência nos permite não perder de vista a diferença entre pensamento e realidade: a realidade é a referência, a coisa no mundo sobre o que estamos falando, uma pessoa ou um planeta, em nossos exemplos; o pensamento corresponde ao sentido que emprestamos aos termos, o modo como conceituamos os objetos a que nos referimos. Se confundimos sentido e referência, estaremos sujeitos a pensar que os objetos são de certo modo mentais ou que os conceitos são de certo modo físicos, mas sempre temos de distinguir cuidadosamente entre o mundo externo sobre o qual estamos pensando e o ato mental de pensar sobre ele de determinada maneira. O sentido é muito parecido com a perspectiva visual: ambos podemos estar vendo o mesmo objeto exterior, mas de ângulos diferentes, de modo que ele nos apresenta duas aparências visuais distintas; existe um objeto e duas maneiras de apreendê-lo. Existe a realidade, de um lado, e então, de outro, existem as inúmeras perspectivas pelas quais ela pode ser percebida. Essa dicotomia básica manifesta-se na distinção entre o sentido e a referência da palavra. Existe *aquilo* sobre o que falamos (referência) e *como* falamos disso (sentido).

O que acabei de descrever é a visão ortodoxa de sentido e referência. Mas houve dois filósofos na UCLA, David Kaplan e Keith Donnellan, que questionaram essa ortodoxia. Ocasionalmente, eu vislumbrava o professor Donnellan sentado silenciosamente em sua sala, aparentemente imóvel, usando calças brancas e óculos escuros, apenas raramente emitindo um sucinto comentário. Um famoso exemplo diz respeito a um homem que está numa festa bebendo água num copo de martíni: se você usa a descrição categórica "o homem bebendo um martíni" enquanto o fita diretamente, você estaria se referindo a ele ou não? Ele não se encaixa literalmente na sua descrição, já que não há martíni no seu copo, porém parece haver sentido em ele ser o alvo da sua fala. Se é assim, sentido e referência podem se destacar um do outro, e a referência parece ludibriar o sentido, passar por cima dele. O professor Kaplan, ao contrário de Donnellan, nunca estava sentado, raramente ficava parado e era conhecido por sua loquacidade — espirituoso, inteligente, irrefreável, com uma paixão por nomes próprios e pelo demonstrativo *that*, da língua inglesa. A placa do seu Mercedes conversível era "DTHAT", em referência ao operador lógico que ele introduzira alguns anos antes (que *grosso modo* significa "a coisa que é *verdadeiramente* F", como em "o verdadeiro criador do rock'n'roll").

Conheço tanto Donnellan quanto Kaplan muito bem, embora Kaplan certamente tenha me dirigido alguns milhares de palavras a mais do que Donnellan. Compartilhávamos uma paixão pelo problema da referência — como as nossas palavras conseguem selecionar os objetos do mundo exterior. Esses dois filósofos se opunham fortemente à "teoria da descrição" dos nomes próprios, sobre a qual discorri no capítulo 2, com base em Saul Kripke. Estavam inclinados a conferir à referência de um nome um papel muito maior na determinação do seu significado do que a teoria da descrição podia comportar. Opunham-se à idéia de que a referência de um nome é externa ao seu significado, com o sentido realizando todo o trabalho, de modo que um nome podia ter um significado perfeitamente bom, embora não tivesse referência. Suponha que eu introduza um "nome vazio", como "Herbert", por exemplo, e estipule que ele se refere, de modo falso, à pessoa que roubou o meu relógio (eu o perdi, mas não quero admitir meu desleixo). Então saio por aí dizendo coisas do tipo "Herbert é um salafrário":

o nome "Herbert" possui realmente um significado? Parece um nome semanticamente defectivo, uma mera indicação ou som. Portanto, estipular simplesmente um sinônimo entre um nome e uma descrição parece insuficiente para fornecer ao nome um significado sólido. O nome necessita de um verdadeiro portador para poder funcionar como um nome legítimo. Esse portador substitui o sentido fregeano, ou seria melhor compreendê-lo como algo adicional a ele? O problema era sempre o que dizer de nomes que têm a mesma referência mas diferem quanto ao significado. Mas alguma coisa parecia realmente correta na idéia de que Frege havia expelido a referência do significado de uma maneira muito radical, e a teoria da descrição dos nomes tinha de fato os graves problemas que Kripke e outros haviam apontado. Como é possível aproximar a relação entre a referência de nossas palavras e o que elas significam sem perder a distinção entre sentido e referência? Era essa a natureza do problema, como eu o concebia.

A proposta de Kaplan veio a ser chamada de teoria da "referência direta". Em vez de supor que um nome produz uma referência por meio de uma descrição, Kaplan sugere que a referência é *direta*: não há nenhum conceito mediador, apenas a própria referência. Portanto o portador de um nome — um objeto do mundo real — tornase um componente da proposição expressa pelo nome, na medida em que se combina com outras expressões. Por exemplo, a proposição expressa por "Marilyn Monroe era uma grande atriz" é constituída da própria Marilyn Monroe, aquela mulher de carne e osso, mais o atributo de ser uma grande atriz. O objeto encontra seu lugar na proposição e ali permanece, substituindo qualquer descrição que a pessoa que fala poderia associar ao nome. Isso significa que quando você acredita naquela proposição, a própria Marilyn é um componente de seus pensamentos: ela se encontra na proposição que você acredita ser verdadeira — ela mesma, não as descrições que você associa ao seu nome. Basta pensar nela para que você possa transportá-la fisicamente à sua paisagem mental. São esses os benefícios da "referência direta".

Mas como assinalei um parágrafo atrás, permanece a questão: como isso se conforma com o fato de dois nomes poderem ter a mesma referência e sentidos diversos? Está certo, a referência pode se introduzir no significado, mas ela é então o seu único componente? Deveríamos dizer que "Marilyn Monroe" e "Norma Jean Baker" afinal de contas possuem o mesmo significado, apesar do fato de esses dois nomes não poderem ser livremente substituídos um pelo outro em contextos de atitudes proposicionais? A resposta que desenvolvi para essa questão (com uma pequena ajuda dos amigos) é que existem na verdade *dois* aspectos relativos ao significado de um nome ou outra expressão referencial: sua referência e o modo pelo qual a conceituamos. A ortodoxa visão fregeana afirma que o significado de um nome é *apenas* o modo como pensamos a referência, de maneira que o objeto a que nos referimos é exterior ao seu significado, um mero apêndice semântico. Na visão kaplaniana, o significado de um nome é *apenas* o seu portador, de maneira que o modo como pensamos sobre sua referência não é considerado. Já na minha visão, o significado é *tanto* a referência *quanto* o seu modo de apresentação. Nomeei isso de o "componente dual" da teoria do significado.

A teoria é mais facilmente ilustrada com expressões como "eu", "agora" e "aqui" — expressões que são em geral chamadas de indexadores. Suponha que eu diga "Eu estou com fome": desse modo, uso a palavra "eu" para me referir a mim, e o que digo é verdade se e somente se Colin McGinn estiver com fome no momento em que essas palavras são ditas. Suponhamos agora que você diz "Eu estou com fome": isso será verdadeiro se e somente se *você* estiver com fome — eu sou irrelevante no que diz respeito à sua declaração. Existem duas referências distintas em duas ocasiões, dependendo de quem diz a frase, mas obviamente a palavra tem algo em comum nessas duas ocasiões — é apenas a mesma palavra "eu", que segue a regra semântica de se referir a quem a está pronunciando. Se tudo que está em jogo fosse somente as duas referências, não conseguiríamos encontrar nada em comum entre os dois usos da palavra "eu"; mas evidentemente o significado de "eu" é mais do que isso. A melhor maneira de ver, então, é considerar que o significado de "eu", quando o utilizo, consiste tanto em sua referência — a saber, eu — quanto na característica comum atrelada a essa palavra, quando você a utiliza para se referir a si mesmo. A proposição é uma espécie de combinação desses dois elementos, um pouco de cada um. Assim podemos reconhecer que a referência faz parte da proposição expressada, sem colidir com o problema de Frege sobre palavras não-sinonímias que têm a mesma referência. Não é que "eu", quando o utilizo, signifique o mesmo que "Colin McGinn", porque essas palavras têm referências idênticas; mais propriamente, os significados diferem porque o significado de "eu" é mais do que simplesmente a sua referência numa determinada ocasião. Portanto podemos concordar com Kaplan que os objetos imergem nas proposições e, por essa razão, tornam-se componentes dos nossos pensamentos, mas também sustentamos que existe mais material no interior das proposições além desses objetos — elas são também a maneira como pensamos os objetos. Nossas crenças e desejos estão diretamente vinculados ao mundo dos objetos, mas essas crenças e desejos também possuem sua própria costura, seu próprio estofo conceitual. Desse modo, obtemos o melhor de ambos os mundos; e como obter o melhor de dois mundos é melhor do que obter o melhor de apenas um deles, gostei dessa descrição do significado contendo dois componentes — apesar de algumas pessoas terem-na considerado muito desordenada e complicada. (Seria esse "ter tudo" um desejo tipicamente californiano de minha parte?)

Também existe a questão de como as nossas atitudes proposicionais se relacionam com a linguagem falada. O teórico mais importante que tratou desse assunto foi H. P. Grice, um filósofo de Oxford transplantado para Berkeley, que tinha a reputação de ser o filósofo mais inteligente que se poderia conhecer (falecido no início dos anos 90). Nunca o conheci pessoalmente, embora dissessem que isso já constituía uma experiência: tinha um só estranho e descolorado dente na boca, uma barriga imensa e a reputação de ser o homem mais malvestido de todo o continente — embora todos concordassem que esbanjava charme. Os seus escritos revelavam que ele era um filósofo de uma inteligência formidável, um pensador original e um elegante escritor (ainda que rebuscado); gostaria de tê-lo conhecido, mas não aconteceu. Grice tinha interesse em saber o que envolvia significar alguma coisa com palavras quando você se comunica por meio delas. Posso utilizar as palavras "hoje o tempo está horrível", querendo dizer com isso que hoje o tempo está horrível, o significado convencional dessas palavras; mas eu poderia ter usado as mesmas palavras com um significado muito diferente — como quando as utilizo como um código entre mim e você para ter o sentido de "a pessoa que está falando conosco é um tremendo de um chato". Grice chamou isso de "significado do falante" e o distinguiu do significado literal das palavras que emito (que é o fato de hoje o tempo estar horrível, em ambas as ocasiões em que são proferidas). A sua pergunta, então, era "O que é para o falante transmitir algo por meio de suas palavras?"

A resposta mais óbvia é que o processo envolve um tipo de intenção comunicativa. Se digo "hoje o tempo está horrível" com a intenção de dizer que o homem que está falando conosco é um chato, pretendo produzir em você uma certa crença — ou seja, de que penso que o indivíduo em questão é um chato. Seria então o que a fala da pessoa quer dizer apenas uma questão de ter uma intenção como essa para produzir uma crença nas pessoas que me escutam? Surpreendentemente, a resposta é Não, como Grice engenhosamente assinalou. Suponha que eu queira que você acredite que um determinado inimigo que tenho andou mexendo nas suas coisas, porque quero que você fique com raiva dele. Então eu entro no seu quarto, mexo nas suas coisas e deixo intencionalmente no chão uma luva muito parecida com as luvas que meu inimigo habitualmente usa. Sei que você vai achar a luva, lembrar-se das luvas que o meu inimigo sempre usa e suspeitar que foi ele quem andou mexendo nas suas coisas. Pretendo com isso produzir uma determinada crença em você, no sentido de que meu inimigo andou mexendo nas suas coisas, ao deixar a luva no seu quarto. Mas será que com isso *tenho a intenção de dizer*, deixando a tal luva no seu quarto, que meu inimigo mexeu nas suas coisas? Aparentemente não: desejo que você forme a crença em questão, mas não como resultado de querer dizer alguma coisa com o meu ato. Por quê?

Qual a diferença entre esse caso e um caso normal de comunicação? Grice forneceu a seguinte explicação: o que está faltando é o fato de eu ter uma intenção *a mais*, isto é, de que você reconheça que eu tenho a primeira intenção. No caso descrito, eu certamente não quero que você reconheça minha intenção, para fazê-lo supor que meu inimigo mexeu nas suas coisas; pelo contrário, quero manter essa intenção oculta. A minha intenção de produzir a crença não era intencionalmente explícita, como ocorre no caso padrão, quando digo algo e quero dizer algo com isso. Compare o caso que acabei de descrever com um caso em que temos um código previamente combinado, o de que quando eu deixar uma luva cair na sua frente, você sabe que isso significa que estou com vontade de beber alguma coisa. Portanto o que torna uma ação em um caso de significado comunicativo é a existência dessa intenção secundária de que a minha intenção primária seja reconhecida. Em outras palavras, minhas intenções deveriam ser *transparentes* para você. Essa é a essência de querer dizer algo para alguém por meio de algo.

A importância dessa análise do que a fala da pessoa quer dizer, à parte seu interesse intrínseco, é que ela oferece a possibilidade de analisar todo o fenômeno do significado lingüístico em termos de atitudes proposicionais. Se podemos analisar a noção do significado da fala da pessoa em termos de intenção e crenças, talvez possamos analisar o significado da sentença nos mesmos termos, se acrescentamos um dispositivo no sentido de que é uma *convenção* dar significado a uma sentença de uma determinada maneira. Não é uma convenção dizer "o tempo está horrível hoje" para significar que uma pessoa é chata, embora seja possível usar a frase assim; mas é uma convenção usar essa frase com a intenção de dizer que o tempo está horrível hoje (e outras línguas têm diferentes padrões lingüísticos regidos pela mesma convenção). Então o significado lingüístico talvez seja o que a fala da pessoa quer dizer *mais* a convenção: as palavras significam o que significam porque a pessoa que fala convenciona usá-las com certos tipos de intenções secundárias. Desse modo a semântica se torna uma subdivisão da filosofia da mente, porque significado é uma questão de destacar atitudes proposicionais. Os significados, portanto, não são entidades abstratas etéreas flutuando de um lado para o outro no céu platônico; mais propriamente, são projeções das ações rotineiras da crença, do desejo e da intenção. De fato, se pudéssemos simplesmente analisar a intenção em termos de crenças e desejos — como, por exemplo, a crença de que farei algo ou o intenso desejo que sinto por alguma coisa —, então poderíamos reduzir toda essa questão à crença e ao desejo: uma imensa simplificação. E então — e se avançássemos e reduzíssemos a crença e o desejo a estados mentais? Então teríamos uma completa explicação do significado e da linguagem em termos físicos. Os filósofos de orientação materialista suspiraram entusiasmados com a perspectiva de tal redução. Realizou-se muito trabalho tentando fazer o projeto funcionar, e o problema mente-corpo assumiu uma importância ainda maior em virtude dessa abordagem ao significado. O principal problema dessa abordagem é que temos de supor que as crenças e os desejos são fundacionais, e a questão da *sua* intencionalidade ainda assomava grandiosa.

Deixem-me também mencionar uma outra idéia de Grice que merece ser divulgada: a distinção entre dois tipos de implicação — o tipo que as palavras têm e o tipo que as pessoas transmitem. Se me pedem para dar uma opinião à respeito da competência de outro filósofo e não tenho grandes considerações por ele, eu poderia responder, com falsa diplomacia, "Bem, ele certamente tem uma voz muito nítida". Aqui estou indicando obviamente que não faço uma avaliação muito boa a respeito de seus talentos filosóficos, embora não esteja dizendo uma só palavra que afirme isso. As palavras que pronuncio expressam simplesmente a proposição de que ele tem uma voz nítida, algo em que posso sinceramente acreditar; mas sei que, ao não expressar explicitamente uma crença sobre sua competência filosófica, levarei os que me ouvem a acreditar que não faço um bom julgamento dele. As minhas palavras em si não implicam logicamente que a pessoa tenha talentos filosóficos questionáveis, mas certamente dou a entender isso usando as palavras dessa maneira. Grice chamou a isso de "implicatura conversacional" e o distinguiu da implicação lógica comum, advertindo para que não confundíssemos os dois conceitos. Ele raciocinava que podíamos *dizer* o que é perfeitamente verdadeiro no âmbito de uma conversa e ao mesmo tempo dar a entender no diálogo algo completamente falso, sem que uma coisa contradissesse a outra. Suponha que tenho um conceito muito bom a respeito da capacidade filosófica de um determinado indivíduo, mas quero desonestamente rebaixar essa opinião, talvez porque ele seja meu rival. Perguntam-me o que penso dele e respondo com a minha frase sobre a boa qualidade de sua voz. Não estou *dizendo* nada que seja falso, mas *transmito* algo que é totalmente falso — que penso que ele não é muito brilhante. Oradores desonestos, em especial os políticos, utilizam essa técnica o tempo todo: dizer algo pelo qual não podem ser culpabilizados, mas implicar no diálogo alguma coisa que desejam que fique subentendido. Desse modo, se alguém contradiz o que você intencionalmente deixou subentendido, você pode sempre se safar, dizendo "mas eu nunca *disse* isso". Eis um exemplo.

> Entrevistador: "O que o senhor pensa, senador, das alegações de que seu oponente fumou maconha?"
>
> Senador (sabendo muito bem que as alegações são falsas): "Penso que toda pessoa que não é implacável no combate às drogas tem um passado duvidoso."

> Entrevistador (em outro dia): "Temos em nossos registros que em 1988 o senhor rejeitou oficialmente a alegação de que seu oponente tinha fumado maconha, embora ontem tenha declarado que a alegação é verdadeira."
>
> Contorcendo-se ligeiramente, o senador vocifera: "Eu nunca *disse* que meu oponente algum dia fumou maconha, apenas disse que aqueles que não são duros no combate às drogas têm quase sempre um passado duvidoso, mas deixe-me lhe dizer que a política do meu oponente em relação aos usuários de drogas que reincidem é que é responsável pelo vício de nossas crianças — e isso é apenas uma parte do problema... impostos... previdência... defesa... a bandeira."

De posse da distinção feita por Grice, o entrevistador poderia ter mandado de volta: "Eu sei que o senhor não proferiu uma frase que implica logicamente que seu oponente fumou maconha, mas certamente deixou que isso ficasse subentendido na sua fala, e é sobre isso que gostaria que o senhor comentasse agora." Existem dois modos de contar mentira: dizendo coisas que são totalmente falsas ou dizendo algo que é verdadeiro e deixando subentendido no diálogo o que você sabe que é falso. Este último modo não é moralmente superior ao primeiro, mas proporciona ao mentiroso uma forma de se safar, se a necessidade surgir. Mas estamos com isso nos desviando para a filosofia moral e nos afastando da filosofia da linguagem.

Aqueles seis meses em Los Angeles me transformaram filosoficamente. Em virtude da convivência com os filósofos que lá estavam, desfiz-me do meu relutante apego à influência de Oxford. Tornei-me muito mais capacitado para pensar fora da estrutura aceita e tornei-me muito mais crítico das idéias que estavam em voga em Oxford naquela época. Essa universidade sempre teve a reputação de nutrir uma atmosfera de estufa e um olhar obsessivamente voltado para suas próprias obras. Enxergava isso claramente agora, e não queria o meu trabalho estorvado pelo estilo e suposições prevalecentes em Oxford. A atmosfera intelectual de Los Angeles era mais livre, apesar do que se possa dizer da qualidade do ar respirado na cidade hoje. Muitos dos filósofos que ali encontrei me deixaram altamente impressionado e senti que me eram mais receptivos do que a instituição de Oxford, onde muitos pareciam me considerar uma espécie de praga por não aderir à linha partidária. Quando voltei para Londres em 1980, senti-me rejuvenescido como também descontente. Sonhava com Los Angeles e com meu Chevy Impala, e tinha saudade dos meus amigos americanos. A Inglaterra era um grande peso para mim.

Mas não demoraria muito até eu retornar à Califórnia. Um ano depois, a University of Southern California (USC) me ofereceu um emprego. Vários filósofos amigos meus estavam por lá — Hartry Field, Brian Loar, Stephen Schiffer — e fiquei muito tentado com a oferta, mas parecia uma passo grande demais a dar e eu não tinha certeza se Los Angeles era uma cidade adequada para mim: grande demais, insossa e moderna. Perguntei na USC se poderia ir de visita, para então decidir se desejava empreender essa grande mudança, e em 1982 estava de volta. A visita não foi tão boa quanto a primeira. O meu carro era um terrível Chevy Nova de segunda categoria; chovia praticamente o tempo todo; e a bateria do carro foi furtada no estacionamento da USC, deixando-me à deriva numa perigosa região da cidade, à meia-noite. A USC ficava muito longe de Brentwood, onde eu morava; o tráfego na auto-estrada podia ser terrível; certa vez derrapei ao longo da Sunset Boulevard, quando o chão estava escorregadio de óleo e de chuva. A inexistência de um centro de cidade começou a me incomodar, além da solidão. Um filósofo perdido em terras americanas.

Foi durante esse período que desenvolvi uma obsessão por videogames, passando muitas horas de chuva na loja de jogos eletrônicos de Westwood Village. Na adolescência, costumava jogar muito fliperama nas docas de Blackpool, e era bastante habilidoso, de modo que os videogames foram um passo natural à frente. Foi Hartry Field, um dinâmico filósofo da matemática — cuja camisa parecia incapaz de permanecer dentro de sua calça por mais de cinco minutos — quem me apresentou ao meu primeiro *game*, Ms. Pacman. Certo dia, em um bar perto da Venice Beach, Hartry perguntou-me se eu não queria experimentar um videogame; disse-lhe que nunca havia tentado, que preferia fliperama, mas que tentaria. Foi só o começo. Percebi uma vontade de jogar novamente no dia seguinte e liguei para Hartry. Logo estávamos nos encontrando quase todas as noites para furtivas sessões com o chilreante melão devorador, jogando horas sem parar. Muitas vezes era doloroso dirigir de volta a casa, depois, pois meu braço ficava doído de tanto mexer no controle. Então comecei a ir até lá sozinho, alimentando o meu vício. Minha obsessão com Ms. Pacman depois deslocou-se para Galaga, um jogo de atirar, não de devorar. Até hoje, passados quase vinte anos, ainda posso ver e ouvir os ícones descendo do alto da tela, e posso sentir os dedos que usava para atirar começando a repuxar, a adrenalina afluindo. Estacionava o meu Chevy amassado perto de Wilshire Boulevard e fazia a caminhada de dez minutos até a biblioteca da UCLA através de Westwood Village, mas invariavelmente a loja de jogos acabava me atraindo para um "joguinho rápido". Duas horas depois, eu estaria piscando sob o sol de Los Angeles, indistinto, exausto, vinte dólares mais pobre — mas tendo chegado ao estágio treze, finalmente! Muito tempo depois, mudei para o Defender, um *game* tão exigente e absorvente, que comecei a compreender todas essas histórias que falam de adolescentes irremediavelmente perdidos para os videogames. Tornei-me um viciado em jogos eletrônicos, uma máquina de máquinas. Mas combaterei a tentação de me estender mais sobre essa fase lúdica da minha vida, para que o leitor não fique suspeitando que ainda não a superei (há anos que não jogo, sério).

Nessa época, minha obsessão com videogames seguia junto com uma outra obsessão nervosa: Wittgenstein. Ambas demandavam esforços anormais de concentração, enorme persistência e uma inclinação levemente masoquista pela frustração. Wittgenstein é um dos nomes mais famosos da filosofia do século XX, tanto para os envolvidos no assunto quanto para os não-envolvidos. Isso não ocorre apenas em razão de suas idéias filosóficas, que são densas e difíceis de ser entendidas; é a sua personalidade que deixa as pessoas intrigadas. Ele viveu uma vida puramente filosófica, doando a grande herança de família que recebera, sem nunca ser dono da própria moradia, constantemente sumindo de Cambridge para passar invernos solitários e contemplativos na gélida Noruega, em uma barraca que ele mesmo confeccionara. A vida intelectual era para ele algo da mais extrema seriedade. Também era extremamente intenso e severo em relação à moral. Tinha um enorme séquito de seguidores dentro e fora do âmbito da filosofia acadêmica. O que ocorre em parte porque seus textos são oraculares, quase poéticos e prestam-se a múltiplas interpretações; mas também em virtude de seu orgulhoso desapego às coisas materiais, de sua dedicação intelectual. Ele preenche perfeitamente o modelo do gênio solitário e atormentado. Suas idéias, no entanto, são na maior parte restritas à filosofia analítica técnica da linguagem, da mente e da matemática. Acima de tudo, Wittgenstein não faz concessões — uma qualidade tanto admirada quanto desencadeadora de ódios.

Kripke publicara um longo trabalho sobre Wittgenstein que estava causando um certo *frisson*; sem dúvida isso era estimulado pela percepção de que Kripke era o que havia de mais próximo a Wittgenstein na filosofia contemporânea. Pensei que seria interessante promover um seminário sobre o seu texto, com meu amigo Malcolm Budd, da UCL. Até aquele momento eu não havia estudado realmente a obra de Wittgenstein com muito cuidado, considerando seu trabalho muito assistemático e impenetrável. Mas Kripke era sempre claro, e parecia fazer uma interpretação das *Investigações filosóficas* de Wittgenstein que lhe davam um sentido coerente. Como *Naming and Necessity* de Kripke revolucionara em muito a filosofia, eu esperava que seu novo trabalho sobre Wittgenstein fosse ter o mesmo impacto. Estudei seu livro entusiasmadamente e de fato achei-o lúcido, sistemático, desafiador e original — Kripke acertara mais uma vez! Com sua interpretação de Wittgenstein em mente, poderia agora ler as *Investigações* e esperar que tudo se encaixasse. No final de semana anterior à data marcada para o início do seminário, me preparei para ler Wittgenstein, com o livro de Kripke para folhear, esperando encontrar plenamente uma total evidência da interpretação que ele fizera. Mas enquanto lia as *Investigações* — num esforço para passar de uma parte para a seguinte, me concentrando ao máximo —, foram surgindo dúvidas e, no final do dia, comecei a suspeitar de que Kripke estava redondamente enganado. Eu simplesmente não conseguia perceber que Wittgenstein estivesse dizendo o que Kripke dizia que estava. Mas eu não era um especialista; talvez a interpretação de Kripke esclarecesse com maior intensidade outras obras de Wittgenstein que eu ainda não estudara. Fui me deitar domingo à noite, sentindo uma total perplexidade.

No dia seguinte, encontrei Malcolm no departamento: sua tese de doutorado de Cambridge fora sobre Wittgenstein e eu respeitava sua opinião. Comentei, um tanto hesitante, que estava tendo dificuldade para perceber que a interpretação de Kripke sobre Wittgenstein estava correta, e me preparei para citar as passagens que pareciam contradizer sua interpretação. Calmamente, Malcolm disse: "Kripke está inteiramente equivocado — Wittgenstein diz uma coisa totalmente diferente." Então comparamos nossas anotações e descobrimos que concordávamos basicamente com o que Wittgenstein estava dizendo e os pontos em que Kripke se equivocara, embora meu conhecimento sobre sua produção filosófica fosse acentuadamente inferior à de Malcolm. À medida que o período avançava, estudei a obra de Wittgenstein mais a fundo e descobri que a minha opinião inicial se confirmava. Quando o período chegou ao fim, eu tinha em mãos uma interpretação sistematizada de Wittgenstein e críticas detalhadas de Kripke. Como a maioria das pessoas parecia concordar com Kripke, decidi escrever um ou dois textos sobre o assunto, o que me exigiria mergulhar ainda mais nos desafiadores escritos de Wittgenstein. E essa imersão era o meu trabalho na USC, onde também ministrei um seminário de pós-graduação sobre Kripke e Wittgenstein. Chuva, lama, videogames, Wittgenstein — foi assim a minha Los Angeles durante esses quatro meses peculiares.

Permitam que eu apresente um relato sucinto das duas visões contrastantes da mensagem de Wittgenstein nas *Investigações*. A questão diz respeito ao que é seguir uma regra, como, por exemplo, a regra de que se você põe "+" entre dois numerais o resultado é a soma dos dois números especificados. A regra para "+" diz que este sinal significa soma, e todo mundo que conhece "+" sabe que ele representa a função da adição e não uma outra função matemática qualquer. Mas o que é esse conhecimento de "+"? O que *é* compreender a regra de somar um número com outro? Seguindo Wittgenstein, Kripke apresenta um argumento muito importante a esse respeito, quando afirma que não pode se tratar apenas de uma questão de aplicar a regra para um número finito de casos: deve se tratar de algo mais do que simplesmente fornecer a soma de qualquer par de números para qualquer série finita de operações aritméticas. A razão disso é que a adição se aplica a um número infinito de casos, abarcando toda a série infinita de números. Kripke nos pede que imaginemos alguém que utiliza o sinal "+"

do mesmo modo que nós para todos os números até, digamos, 2.000, mas que para números acima desse valor ele faz algo estranho — diz, por exemplo, que a resposta correta para "Quanto é 2.000 + 30.002?" é 7. E não é que ele tenha cometido um erro banal ao somar os dois números; pelo contrário, o tempo todo ele queria dizer outra coisa que não a soma por meio do sinal "+". Ele estava falando, como Kripke coloca, de "quadição", em que quadição é o mesmo que adição até 2.000, mas depois o resultado de quadicionar qualquer número com 2.000 é sempre igual a 7. Isso pode nos parecer estranho, uma forma engraçada de aritmética, mas é perfeitamente possível imaginá-la, e nada que tivéssemos observado no comportamento peculiar desse nosso matemático, até o número 2.000, poderia nos fornecer qualquer pista de como ele reagiria após 2.000. Como a adição cobre um número infinito de casos, nenhum conjunto finito de observações sobre o modo como alguém utiliza "+" jamais poderia estabelecer definitivamente o que ele quer dizer com esse termo. Portanto não é possível identificar a compreensão que alguém tem de "+" com o que ele ou ela fez com este símbolo em um número finito de casos. Há mais do que isso nessa compreensão.

Eis um outro exemplo: suponha que "vermelho" não queira dizer para mim o mesmo que para você, mas algo cuja regra diz que "vermelho" se aplica a coisas vermelhas, se observadas antes do ano de 2003, mas a coisas verdes, se observadas depois de 2003. De acordo com essa regra, é correto usar "vermelho" para coisas vermelhas até 2003, mas não depois desse ano; depois de 2003, é correto usar "vermelho" para coisas verdes. Então eu usarei "vermelho" exatamente da mesma forma que você usa até o ano 2003, mas subitamente começarei a aplicar esse termo para coisas verdes, a partir dessa data. Você poderá pensar que estou confundindo coisas verdes com vermelhas, mas lhe asseguro que não estou; o que simplesmente ocorre é que a minha palavra "vermelho" tem esse curioso significado disjuntivo que acabei de especificar. É claro que essa diferença no que significamos por "vermelho" não teria aparecido ao longo de toda história da minha vida até esse momento; ela somente seria revelada quando chegássemos em um momento futuro, quando a natureza disjuntiva do significado que imprimo à palavra passa a ter efeito. Portanto a minha história de uso lingüístico não estabelece o que as palavras querem dizer, porque a significação tem implicações futuras. O significado é uma regra, e regras se aplicam em um número indefinido de casos.

Mas se compreender "+" e "vermelho" não é uma questão da minha história de uso desses símbolos, então o que é? Nesse ponto, Kripke interpreta Wittgenstein da seguinte maneira: *nada* constituiu o significado de adição que o sinal "+" representa para uma pessoa; não há *fato* sobre uma pessoa que faz com que ela compreenda uma palavra de uma maneira e não de outra. Não adianta nada considerar as experiências conscientes que uma pessoa tem quando utiliza o símbolo "+", já que estas são compatíveis com diversas interpretações do símbolo; e a disposição do indivíduo de utilizar a palavra de uma determinada maneira no futuro também não serve, pois ele ou ela pode ter uma tendência a utilizar a palavra erroneamente — e o que ele quer dizer não é uma função desses usos equivocados. Kripke chama a isso de o "paradoxo cético" de Wittgenstein — que não existe nenhum fato relativo a utilizar o sinal de mais para significar adição. Mas Kripke também acha que Wittgenstein tem uma resposta a esse paradoxo, que ele chama de "solução cética": em vez de supor que o significado é constituído por fatos sobre os indivíduos, a quem se atribui poder de dar sentido às coisas, supomos que o significado é uma questão do modo como as ações lingüísticas de uma pessoa se comparam com outras na comunidade lingüística. Dizemos que "+" significa adição para fulano somente quando o uso que fulano faz de "+" concorda com aquele que fazemos; essa é a "condição de assertividade", apropriada para atribuir o entendimento de uma regra por outro alguém — que o uso que faz da regra está de acordo com o uso que outros que julgamos ter entendido a regra fazem. O conceito de significado é portanto parecido com o conceito de moda: não faz sentido dizer que existe algum fato relativo a um indivíduo que se encontra isolado que faz com que ele esteja na moda; pelo contrário, estar na moda é uma questão relacional, que envolve a pessoa estar em conformidade com outras que supostamente já estão na moda. Você não pode estar na moda se estiver totalmente isolado, como uma espécie de Robinson Crusoé da passarela; a moda é essencialmente uma condição comunal, uma questão de como suas roupas se comparam com as roupas dos outros. De modo semelhante, Kripke afirma, uma figura tipo Robinson Crusoé não pode, de acordo com Wittgenstein, seguir uma regra, pois não pertence a nenhuma comunidade de seguidores de regras. Na verdade, ele não pode ter nenhum conceito, já que os conceitos também são regras: a regra para usar o conceito de adição é simplesmente fornecer a soma de qualquer par de números. O próprio pensar requer filiação a uma comunidade. Faz parte do próprio conceito de uma regra ela ser compartilhada por muitos seguidores de regras.

Agora essa é uma alegação muito radical. Lá está você, completamente sozinho numa ilha deserta, bem desperto, seu cérebro perfeitamente intacto, e Wittgenstein diz que você não pode seguir regras, dizer coisas ou mesmo ter pensamentos conceituais. É certo que não se pode estar ou não na moda, a não ser por referência a algum distante padrão de como se vestir. Mas como podia a existência de outras pessoas ser fundamental para você ser ou não capaz de seguir regras? Achei por si só incrível essa "visão comunitária" do seguimento de regras, e mal podia acreditar que Wittgenstein — em geral visto como um defensor do bom senso — comprometer-se-ia com uma afirmação tão bizarra. E quando o estudei cuidadosamente, ficou claro para mim que ele não estava comprometido com nenhuma alegação dessa natureza. O que Wittgenstein realmente discordava era da idéia de que compreender um símbolo é uma questão de dar-lhe uma *interpretação*, de onde se depreende que a interpretação de um símbolo é um outro símbolo, talvez um símbolo puramente mental. Então quando compreendo que "+" significa adição, isso não é uma questão de fornecer algum *outro* símbolo do meu repertório mental — o que poderia ser uma imagem da adição ou um símbolo de algum suposto cálculo mental universal. Também não é uma questão de quaisquer experiências qualitativas que posso ter ao usar o símbolo. Mais propriamente, a compreensão é um certo tipo de habilidade ou *know-how*, uma capacidade de usar o símbolo; e essa capacidade não são interpretações do símbolo, mas propensões a agir de determinadas maneiras. Os seres humanos têm certos modos naturais de agir, hábitos que se estabelecem por meio de treinamento lingüístico, e esses hábitos são a base do significado — não alguma coisa que "passa pela cabeça" quando a pessoa utiliza um símbolo. A compreensão, portanto, não é uma experiência consciente particular que se reconhece por meio de introspecção infalível; ela é uma capacidade publicamente observável de usar símbolos em situações concretas. É por isso que você pode achar que entendeu algo que não entendeu — porque você pode estar enganado quanto às capacidades que tem (compare com a capacidade de nadar). Wittgenstein está opondo o interno e o externo, o experimental e o prático; ele não está opondo o indivíduo à comunidade. Contanto que Robinson Crusoé tenha as aptidões práticas corretas, ele pode seguir regras tão bem quanto você ou eu. Existe esse tipo de coisa, como o seguidor de regras solitário (imagine Robinson Crusoé jogando paciência para passar o tempo). Mesmo que eu fosse o único homem que já existiu, poderia seguir regras, contanto que meu cérebro funcionasse de forma adequada.

Vasculhei os textos relevantes de Wittgenstein e encontrei forte evidência para essa interpretação, e outros pesquisadores também estavam chegando à mesma conclusão. Na verdade, achava essa interpretação bastante óbvia, uma vez que você se desse ao trabalho de abordar o assunto com uma mente aberta. Pretendia escrever dois ensaios sobre o tema — um deles expondo as razões para a minha interpretação de Wittgenstein e contra a de Kripke, o outro criticando a visão comunitária imparcialmente. No final acabei escrevendo um livro inteiro, *Wittgenstein on Meaning*, publicado em 1984. Penso que é razoável dizer que a maioria das pessoas estava convencida, especialmente quando outras vozes se somaram em favor da mesma posição básica. Com certeza nunca tive a intenção de me tornar um especialista em Wittgenstein, mas gostava do exegético trabalho de detetive incluído nele, apesar do fato de que estudar Wittgenstein era extenuante intelectualmente.

O efeito colateral inesperado desse trabalho, entretanto, me conduziria numa direção completamente diferente. Achei que escrever *Wittgenstein on Meaning* tinha sido uma experiência extremamente desgastante e estava exausto quando ele ficou pronto. Talvez fosse apenas excesso de trabalho ou talvez fosse algo na natureza dos escritos de Wittgenstein, mas eu precisava imensamente dar um tempo da filosofia. Tinha dado duro por ela durante doze anos e me sentia esgotado. Então o que fiz? Escrevi um romance — sobre o qual me referirei no próximo capítulo, quando tivermos encerrado com a Califórnia.

Como observei antes, choveu muito durante minha segunda visita a Los Angeles. Lembro-me de ter visto Steven Spielberg no auge de sua fama detido por uma chuvarada após uma apresentação de *The King of Comedy*, em Westwood Village. Lá estava ele no meio de um pequeno grupo de pessoas da platéia, esperando a chuva diminuir, enquanto todos cochichavam sobre sua célebre presença; ele parecia muito pouco à vontade, mas obviamente não o bastante para molhar o cabelo. Estava na cara que Hollywood e chuva não combinavam. Para mim, a chuva incessante significava cair na armadilha de estudar mais Wittgenstein e jogar mais videogames, atividades não particularmente saudáveis. Posso fazer isso em casa, na Inglaterra, pensei, onde sabemos como lidar com a chuva (arreganhamos os dentes e suportamos). Decidi não me mudar para Los Angeles, declinando a oferta de trabalho que recebera da USC. Sempre me lembrarei desses tempos e serei grato pela hospitalidade e amizade dos filósofos de lá, assim como do seu estímulo intelectual, mas não conseguia me ver morando ali indefinidamente. De modo que voltei a Londres e ao meu trabalho de orientador.

CAPÍTULO SEIS

Consciência e Cognição

COM UM SENTIMENTO DE AMBIVALÊNCIA, VOLTEI PARA LONDRES em 1982 e dei então os últimos retoques no meu livro sobre Wittgenstein, enquanto cumpria com as minhas obrigações como professor. Em seguida tive de escrever um trabalho sobre análise do conhecimento, com prazo para ser entregue. Depois disso precisava urgentemente de um tempo — encontrava-me esgotado, filosoficamente falando. Eu sempre acalentara um desejo de me aventurar na ficção; quando garoto, escrevera contos de terror e pusera no papel uma quantidade razoável de poesia (nos tempos de Blackpool, um dos meus poemas foi publicado na revista da escola). A leitura dos primeiros romances de Martin Amis (antes de ele ficar famoso) também me estimulara; gostava de sua combinação de literatura e vulgaridade, o elevado e o baixo.

Um dia, então, no começo das longas férias de verão, comecei a escrever um romance livremente baseado na vida do meu irmão Martin. A história é sobre um jovem provinciano, estudante de artes plásticas, que se muda para Londres a fim de vencer na vida, mas descobre que a cidade é muito mais difícil de lidar do que ele imaginara. Após alguns infortúnios, ele conhece uma dentista que muda a sua vida. O protagonista, Dave Green, é um jovem anti-herói não muito adorável, e o enredo é cômico, mas de uma forma sombria e melancólica. Fala da solidão em Earl's Court (onde eu vivia na época), do medo de fracassar, das provações do sexo e do amor — coisas comuns desse tipo. O seu título era *Bad Patches*, referindo-se tanto às fases temporais quanto aos elementos de uma personalidade. Não era de modo algum filosófico — estritamente falando. Contei a história na pessoa do herói, um jovem iletrado com tendências rústicas. Grande parte dela se passa na decrépita loja de bebidas em que ele trabalha com dois homens de meia-idade repulsivos e patéticos, a quem ele apelidara de Fock e Fack, devido ao modo como pronunciavam determinado palavrão. Eu evitei descambar para o meu estilo filosófico habitual, de modo que procurei tornar a prosa vernacular e repleta de gírias. Lembrem-se de eu que precisava dar um tempo da filosofia, e portanto a última coisa que queria era escrever um livro sobre um filósofo, ou que se parecesse com um.

Terminei o romance alguns meses depois, sentindo que a experiência de escrevê-lo havia sido libertadora, embora exigente, e fiquei pensando se ele seria publicável, apesar de não ter sido essa a minha intenção quando o comecei. Um agente literário pegou o texto e o enviou para várias editoras de Londres, mas, apesar de alguns lampejos de interesse, nenhuma delas ficou interessada. Enquanto isso, eu tinha começado a escrever contos, dois dos quais foram publicados em revistas, e mais uma vez meu agente tentou convencer um editor a publicar uma coletânea deles. Mas novamente, sem chance — embora a resposta não tenha sido completamente desencorajadora. Desde então, o romance e aqueles contos repousam descorados na gaveta inferior da minha mesa. Gosto deles, e foi bom tê-los escritos, embora permaneçam inéditos. Gosto de escrever, e a filosofia é apenas um modo de escrever.

Foi nesse contexto que algo totalmente inesperado me aconteceu. Mencionei Gareth Evans no capítulo 3, o jovem filósofo de Oxford, brilhante e carismático, a cujas aulas assisti pela primeira vez quando era aluno da graduação. Evans havia sido promovido a Wilde Reader de Filosofia Mental em Oxford com a precoce idade de trinta e três anos. Essa era uma posição de prestígio, com muito tempo para realizar pesquisas e sem o trabalho de orientação dos alunos da graduação, e todos sentiam que ele a merecia. Entretanto, logo após assumir o cargo ele caiu misteriosamente doente. Esse fato aconteceu após um incidente no México, onde ele era um professor-visitante, em que levou um tiro na perna durante uma tentativa abortada de seqüestro praticada por terroristas que pretendiam levar seu amigo Hugo Margain, um filosófico mexicano que por acaso estava junto com ele na hora e cujo pai era embaixador do México nos Estados Unidos (Margain foi fatalmente ferido durante esse ataque). Depois de algumas semanas doente, foi diagnosticado que Evans tinha um câncer em estágio avançado, e em questão de meses, em agosto de 1980, ele morreu. Sua morte foi um enorme choque para o mundo da filosofia. Evans era um sujeito em que a vida pulsava intensamente — um excelente jogador de *squash* e ávido motociclista, possuía energia e vitalidade ilimitadas. Tinha apenas trinta e quatro anos quando faleceu. Seria difícil pensar em alguém menos provável de perder a vida assim tão prematuramente. Como era sem sombra de dúvida o melhor filósofo jovem da Grã-Bretanha, a tragédia de sua morte era mais do que pessoal. Muitas vezes penso no que ele poderia ter realizado caso ainda estivesse vivo; mesmo não sendo este o caso, seus trabalhos exerceram uma forte influência no estado da filosofia. O seu livro póstumo, *The Varieties of Reference*, no qual trabalhou durante seus últimos meses de vida e que foi preparado para publicação por seu colega John McDowell, ainda é um importante texto sobre filosofia da mente e da linguagem. Sua morte prematura foi provavelmente a maior perda para a filosofia analítica no século XX, rivalizando com a de Frank Ramsey, o filósofo de Cambridge que morreu de icterícia em 1923, com vinte e oito anos.

A morte de Evans deixou vago o cargo de Wilde Reader. Esse cargo envolvia uma interação com os psicólogos de Oxford e a função de canal mediador entre a psicologia e a filosofia; e então a sala do Wilde Reader ficava localizada por tradição no departamento de psicologia da universidade. Devido à minha formação em psicologia, podia parecer que eu era um potencial candidato ao cargo. Mas já tinha sido rejeitado diversas vezes para empregos menos importantes em Oxford e ainda era novo, de modo que decidi não concorrer ao cargo, achando que seria perda de tempo. No entanto, não queria que ficasse parecendo que eu tinha um ressentimento em relação a Oxford ou que estava fazendo algum tipo de declaração ao não me candidatar, e assim, em cima da hora, enviei uma breve carta dizendo que queria concorrer, mas sem fornecer nenhum dos itens requisitados que deveriam acompanhar a solicitação — *curriculum vitae*, últimos trabalhos escritos, referências. Isso me parecia desnecessário, pois tinha absoluta certeza de que não tinha chances de conseguir o emprego. Todos sabiam que Christopher Peacocke, meu contemporâneo dos dias de bacharelado em filosofia, que eu deixara de ver havia alguns anos, era o candidato interno apontado; era inconcebível que o cargo não fosse parar nas mãos dele. Não pensei mais no assunto.

As entrevistas estavam marcadas para dali a algumas semanas e não fui convidado a fazê-las — o que não me surpreendeu de forma alguma. Mas então, cerca de uma semana depois, recebi uma inesperada chamada para comparecer a uma entrevista. Não tinha a menor idéia de por que estavam me chamando e suspeitava que tudo não passava de um jogo de relações públicas para aparentar que Oxford estava ao menos disposta a considerar plausível candidatos de fora para os seus melhores postos. Compareci portanto à entrevista, sentindo-me relativamente relaxado, certo de que não era um candidato sério, mas também determinado a mostrar que era bom no que fazia. Fui submetido a um interrogatório cerrado feito por cerca de dez pessoas — um grupo misto de psicólogos e filósofos — e achei que me comportei com propriedade. Os psicólogos, em particular, pareciam satisfeitos com o meu desempenho. O meu objetivo ao fazer isso não era assegurar a posição, mas mostrar que havia fortes candidatos de fora que mereciam uma chance justa, sendo Oxford notoriamente insulada em seus registros de nomeações.

Ainda não entendi muito bem o que se passou por trás dos panos, mas logo depois da entrevista o emprego me foi oferecido. Fiquei completamente atordoado. De acordo com os rumores os psicólogos acharam Peacocke muito difícil de entender, e, de fato, seu trabalho pode ser (na minha opinião) quase absurdamente ininteligível. Que utilidade ele teria para eles, se não tinham a menor idéia do que ele estava dizendo? Por outro lado, eu era claro como a luz do dia — e compreendia de onde vinham os psicólogos, tendo sido um deles. Então, à medida que reconstruo especulativamente o que aconteceu, foram os psicólogos que prevaleceram sobre os filósofos e empurraram a votação na minha direção — o que é bastante irônico, dado o meu anterior desencanto com a psicologia. Mas devo enfatizar que não tenho sólidas evidências para supor isso. De qualquer modo o emprego estava à minha disposição, imagino que para surpresa de todos. Após ter sido consistentemente rejeitado em Oxford durante uma década, era-me subitamente oferecido uma posição premiada na universidade, muito superior às outras posições a que me candidatara no passado. E é claro que isso ajudou imensamente a aliviar o ressentimento (de nível não muito elevado) que latejava em mim havia alguns anos. A maior parte dos filósofos britânicos têm uma relação de amor e ódio com Oxford, e eu tinha bons motivos para sentir ambos os lados dessa polaridade.

Mas eu tinha dúvidas quanto a aceitar o emprego. Estava gostando de morar em Londres e me senti apreensivo com a perspectiva de morar em Oxford, que afinal de contas não passava de uma cidade mercantil a noventa quilômetros de distância da capital. Também tinha sentimentos muito confusos em relação ao cenário filosófico de Oxford, que eu achava que estava passando por uma fase ruim — insular e escolástica. E sabia que seria difícil dar conta do que seria esperado de mim; estaria substituindo Gareth Evans e tinha afastado Christopher Peacocke, duas figuras quintessenciais de Oxford (lembrem-se de que eu nem havia sido aluno da graduação na universidade). E havia uma outra restrição, de modo algum desprezível: estava dedicando a maior parte do tempo para escrever ficção, não filosofia. Era nisso que a minha mente estava focada, mas teria de voltar à filosofia quando assumisse o cargo de Wilde Reader. Não seria correto dizer que eu estava num período de marasmo, escrevendo romances picantes, eu provavelmente estaria de volta à filosofia no devido tempo. Com efeito, o cargo de Wilde Reader restringiu meu tempo para a ficção e me forçou de volta à filosofia séria. Mas também não consegui encontrar em mim o que me fizesse recusar o emprego — e uma das vantagens seria não precisar mais trabalhar como orientador para alunos da graduação.

Mudei-me para Oxford no verão de 1985, onze anos após ter me formado. Creio que era o *reader* mais jovem da universidade quando me juntei ao corpo docente. Arranjei um apartamento na zona norte de Oxford e mergulhei na profunda seara da filosofia mental. (Brian Farrell, que precedera Gareth Evans como Wilde Reader, certa vez me contou que sua futura sogra o havia cumprimentado com as palavras: "Então você é o *reader* mental da filosofia de Wilde.") Eu tinha duas importantes adaptações a fazer. Primeiro, estaria convivendo com psicólogos novamente, depois de ter abandonado a disciplina havia treze anos. Os meus colegas no dia-a-dia da UCL eram filósofos — as pessoas com quem almoçava e falava o dia todo —, mas em Oxford eu passaria meus dias cercado de psicólogos, e os psicólogos não são conhecidos pelo seu respeito à filosofia, ou pela compreensão que têm dela.

Era irônico ter alcançado um elevado patamar filosófico, profissionalmente falando, apenas para me encontrar de volta ao ponto de partida, um tíbio psicólogo. Mas nesse ínterim a psicologia mudara bastante para melhor, e estava determinado a me adaptar à nova posição; e seria bom fazer uso de parte do meu aprendizado em psicologia ao qual dedicara quatro anos em Manchester. Ora, poderia até vir a fazer experimentos meus. Além disso, tinha de me adaptar à vida da faculdade. O cargo de Wilde Reader vem acompanhado de uma afiliação ao Corpus Christi College, e eu me tornaria um membro dessa faculdade. Isso significava que teria de comparecer às reuniões da diretoria, envolver-me nos assuntos da faculdade e misturar-me com acadêmicos de outras áreas. Nada muito parecido com videogames, sinto dizer. Mas novamente, estava determinado a dar o melhor de mim e aproximar-me de Oxford com a mente aberta. Era certamente agradável ser alvo da estima atrelada ao cargo de professor em Oxford.

Na ocasião, tudo correu de forma bastante tranqüila. Os psicólogos foram corteses e acolhedores, e meus colegas na faculdade eram de modo geral simpáticos e despojados. Até comecei a gostar de conversar com pessoas que não eram filósofas, um hábito salutar que mantenho até hoje. Para a minha primeira aula como Wilde Reader, decidi vestir um terno — quer dizer, um paletó jeans que combinava com a minha calça jeans de sempre. A sala estava apinhada de gente que tinha vindo ver o fabuloso e novo Wilde Reader de fora da cidade. Se eu estava muito nervoso? Certamente que sim, mas não tanto quanto esperava; a essa altura estava acostumado com esse tipo de coisa. Lancei-me ao trabalho.

A minha aula se chamava "Pensamento", o que me impressionava como um título suficientemente sonoro. O principal objeto de meu interesse era a questão do "externalismo", que se associa aos dois temas já abordados neste livro. Hillary Putnam, um distinto filósofo de Harvard conhecido por suas abruptas mudanças de opinião e elevado QI, inventara um famoso experimento-pensamento alguns anos atrás, elaborado para demonstrar que "os significados não estão na cabeça", como ele afirma. O raciocínio é o seguinte: imagine que o universo na verdade contém dois planetas, um deles chamado Terra e o outro Terra Gêmea. Estes dois planetas são de uma semelhança impressionante, um milagre de tão parecidos. Assim como há vida inteligente na Terra, há vida inteligente na Terra Gêmea; além disso, as formas humanóides de vida sobre os dois planetas são indistinguíveis umas das outras. Na Terra Gêmea existem pessoas que falam uma língua exatamente igual ao inglês, que contém, entre outras, a palavra "água". As pessoas na Terra Gêmea usam essa palavra para se referir ao líquido transparente e incolor que enche seus lagos, sai da torneira de suas casas e pode ser comprado em garrafas de plástico. Surpreendentemente, se você olhar no interior da cabeça dessa gente encontrará cérebros indistinguíveis dos nossos, até a última molécula (lembre-se de que isso é uma ficção científica elaborada para sustentar uma questão conceitual, não uma especulação empírica). Então as pessoas falantes da Terra e da Terra Gêmea são "duplicatas moleculares": são fisicamente indistinguíveis, gêmeos perfeitos; são como carros idênticos saindo da linha de montagem, ou clones humanos. Pergunta: O que os terráqueos gêmeos querem dizer com "água"? A resposta natural é que eles querem dizer o mesmo que nós com a nossa palavra "água", já que o uso que fazem da palavra é idêntico ao nosso. Mas aqui Putnam dá uma guinada astuta na história: na verdade não existe qualquer água na Terra Gêmea, apenas um líquido que parece e tem gosto de água. De fato, o líquido deles tem uma fórmula química totalmente diferente da nossa água e se comporta diferentemente em condições experimentais (ferve a 40 graus Celsius, digamos, diferentemente do nosso líquido). Em vez de ser composto de H_2O, o líquido da Terra Gêmea é composto de XYZ, o que o torna uma substância química completamente diferente. Observado a olho nu, XYZ tem a mesma *aparência* da água (como a vodca, que parece exatamente com água pura). De modo que os terráqueos gêmeos se referem ao XYZ, quando dizem "água", não ao

H_2O. Apesar de sermos exatamente iguais em relação ao que se passa no interior da nossa cabeça quando usamos a palavra "água", referimo-nos a coisas diferentes em nossos dois planetas.

Por que as coisas se passam desse modo? Porque aquilo a que nos referimos é conseqüência de nossas relações contextuais e causais com o meio ambiente, não apenas uma questão de estados subjetivos internos que estão presentes na mente quando falamos daquele meio ambiente. H_2O e XYZ apresentam a mesma aparência perceptiva, mas sua diferente distribuição nos ambientes dos dois grupos planetários faz com que as pessoas falantes se refiram a substâncias diferentes. Se eu colocar um par de gêmeos idênticos na sua frente, um de cada vez, e pedir que você se refira a eles com o demonstrativo "essa pessoa", você se referirá a qualquer indivíduo que esteja ali, quer consiga ou não saber com certeza quem é quem.

Essa é uma maneira de afirmar que a referência não é determinada pelas descrições que você tem para especificar o objeto de referência, já que há casos em que você não conhece nenhuma descrição que defina o objeto — afinal de contas, os gêmeos tanto parecem quanto soam exatamente iguais. Então a primeira conclusão de Putnam é que a referência não é determinada meramente pelo que se encontra na cabeça do falante. A sua segunda conclusão, um corolário da primeira, é que o *significado* também não é determinado pelo que se encontra na cabeça, já que o significado determina a referência. Nós e os terráqueos gêmeos significamos algo diferente com a palavra "água": nós nos referimos à *água*, mas eles se referem a outro líquido, XYZ, que podemos chamar de *augá*. Portanto, como Putnam afirma, "os significados não estão na cabeça".

Daqui para a conclusão de que os pensamentos também não se encontram na cabeça é um pequeno salto. O que pensam os terráqueos gêmeos quando dizem frases que contêm a palavra "água"? Eles não poderiam estar pensando em *água*, já que nunca se depararam com ela — da mesma forma que não estamos pensando no líquido deles, *augá*, quando utilizamos o termo "água". Eles têm pensamentos do tipo: a *augá* mata a sede; a *augá* no lago está poluída; *augá*, *augá* por toda a parte, e nem uma gota para beber. Mas estes são pensamentos bem diferentes dos que temos, já que são pensamentos sobre proposições diferentes (se pensam que a *augá* ferve a 100 graus Celsius, eles estão equivocados, porque XYZ ferve a 40 graus Celsius, como estipulamos antes). Então o que você pensa — os conceitos que tem — também são parcialmente determinados pelo ambiente no qual você vive e respira e tem sua existência; não é apenas uma questão de ocorrências físicas e mentais no interior da sua cabeça. Em certo sentido, portanto, pensar não se resume à atividade cerebral. O pensamento é essencialmente uma interação ou interligação cérebro-ambiente; os pensamentos têm o conteúdo que têm devido ao mundo em que você por acaso se encontra inserido, não meramente em virtude dos seus estados internos.

Concordava com Putnam a respeito de significado, e fui de fato a primeira pessoa a afirmar num texto publicado que a sua tese externalista podia ser estendida ao pensamento — embora esse argumento seja na verdade bastante óbvio. Mas nas minhas aulas em Oxford eu estava interessado em investigar com que generalidade o argumento de Putnam se aplica: todos os pensamentos são externamente determinados ou o externalismo é verdadeiro apenas para uma subclasse de pensamentos? Também estava interessado em saber se o externalismo podia ser estabelecido sem o uso dos casos da Terra Gêmea. Aqui os conceitos se tornam muito técnicos, portanto não prosseguirei muito a fundo nessas questões; permitam-me somente indicar como a tese funciona em relação à experiência perceptiva. As experiências perceptivas, tais como a visão de uma rosa vermelha, apresentam a aparência das coisas; elas estão limitadas à superfície dos objetos, à sua parte manifesta. H_2O e XYZ apresentam, por hipótese, a mesma aparência; a diferença molecular entre eles não é aparente à experiência perceptiva que se tem deles. Conseqüentemente não há diferença de experiência perceptiva entre os terráqueos gêmeos e nós: as diferenças ambientais estipuladas não influem em como as coisas lhes parecem perceptivamente. Tampouco podemos imaginar um caso em que a experiência perceptiva difira, enquanto o que se encontra na cabeça da pessoa permaneça inalterado. Portanto o conteúdo da experiência perceptiva *encontra-se* na cabeça — embora, é claro, os objetos no ambiente sejam a causa da ocorrência das percepções.

O externalismo ao estilo de Putnam, portanto, não se aplica a todos os tipos de estados mentais, mas apenas a alguns. E sugeri que poderíamos aplicar essa mesma tese para vários outros tipos de estados mentais — sensações como dores e comichões, pensamentos sobre cores e formas, pensamentos éticos, matemáticos e de outras naturezas. Putnam havia supergeneralizado o seu externalismo. Entretanto, isso não significa que esses tipos de estado mental sejam *puramente* internos. De acordo com a minha teoria, embora os casos relativos à Terra Gêmea não possam ser elaborados para esses pensamentos, permanece verdadeiro que seu conteúdo é determinado por objetos que estão localizados fora da cabeça do indivíduo — especificamente por propriedades objetivas que os objetos possam ter. Se algo me parece quadrado, então a propriedade da quadratura faz parte do conteúdo da minha experiência, e a quadratura é uma propriedade que os objetos exteriores possuem. De modo que, mesmo para a experiência perceptiva, um tipo mais limitado de externalismo é verdadeiro — que chamei de "externalismo fraco".

Por fim acabei escrevendo um livro abordando todo esse assunto, *Mental Content*, publicado em 1989, que é um tratamento razoavelmente técnico do externalismo e de outras questões a respeito da cognição. Era um grande afastamento da ficção, mas bastante condizente com o cargo de Wilde Reader — pura filosofia da mente, com relevância em psicologia. Nessa época a ciência cognitiva estava adquirindo proeminência e tomei a decisão de me familiarizar com esse trabalho. A ciência cognitiva é um tipo de mistura de psicologia, filosofia, lingüística, cibernética e neurofisiologia. O seu princípio central é que a mente funciona como um computador: os processos mentais consistem em manipulações de símbolos reguladas por programas — jogos verbais cerebrais. É realmente uma descendente da perspectiva chomskyana que descrevi no capítulo 2. Chomsky sustentara que o domínio da linguagem consiste em uma competência interna gramatical, um sistema de representações simbólicas. Falar e ouvir, portanto, envolve a manipulação dessas estruturas simbólicas de acordo com um número de regras. A tarefa da psicolingüística é descobrir quais são essas regras e como elas são implementadas na mente/cérebro da pessoa que fala. Existe uma estrutura simbólica na sua cabeça, em grande medida inata, e a compreensão da fala envolve a ativação dessa estrutura. Isso é essencialmente semelhante ao modo como um computador implementa um programa simbólico no seu hardware e o utiliza para desempenhar várias tarefas. Daí o modelo computacional da mente: a atividade mental é computação.

Essa perspectiva foi estendida com notável sucesso para a compreensão do sentido da visão, particularmente por David Marr, um brilhante cientista britânico que trabalhava no MIT, que também morreu tragicamente mais ou menos na mesma época em que Gareth Evans. Ele fez uma famosa distinção tripartite entre o problema computacional enfrentado por um sistema cognitivo, os algoritmos que a mente utiliza para resolver o problema e o hardware no cérebro que implementa esses algoritmos. No caso da visão de um objeto, essa divisão tripartite se divide da seguinte maneira. Primeiro, existe a tarefa computacional de recuperar da imagem bidimensional na retina a natureza do objeto tridimensional no ambiente que provoca essa imagem. Acontece que essa é uma tarefa muito difícil de executar, porque a imagem retiniana contém apenas informações muito fragmentadas sobre sua fonte ambiental. O sistema visual humano tem portanto o seu trabalho adaptado para realizar esse feito de reconstrução. Esse estágio de investigação corresponde ao projeto de Chomsky de caracterizar a gramática de uma língua que uma criança tem de aprender. O objetivo em ambos os casos é obter um sentido preciso relativo ao que uma dada faculdade cognitiva tem de levar a cabo para realizar seu trabalho. A segunda questão é como o sistema visual realiza a extração da informação da imagem retiniana — como passa especificamente da imagem bidimensional para o percepto visual tridimensional. Por exemplo, como ele utiliza descontinuidades nas intensidades de luz para perceber que uma *borda* foi detectada? Afinal de contas, as sombras também resultam nessas descontinuidades luminosas, mas o sistema visual tem a tarefa de classificá-las como sombras, não bordas físicas reais. Como Marr demonstrou, este é um processo altamente complexo e difícil, e o sistema visual tem de funcionar como um brilhante matemático aplicado, mesmo para ver um simples objeto. O terceiro estágio é perguntar quais estruturas neurais no cérebro operam esses programas algorítmicos, e como elas conseguem implementá-los.

Obviamente, esses são todos problemas que demandam extensas pesquisas, mas Marr e seus colegas reuniram matemática, ciência da computação e resultados experimentais antes de apresentar sofisticados modelos de como os olhos funcionam. Pensamos que enxergar algo é uma tarefa simples, já que ocorre tão rápida e automaticamente, mas abaixo da superfície é como se mil cientistas dinâmicos estivessem em atividade. O que você experimenta é o resultado final de uma intensa linha de montagem de processos computacionais.

A importância disso para a filosofia está em prover uma teoria detalhada sobre que tipo de coisa a mente cognitiva é: uma complexa máquina de calcular, dispondo de dados limitados e construindo hipóteses elaboradas com base nesses dados. Não é uma questão de o cérebro receber simplesmente a impressão de um objeto e transmiti-la para a sua ordenada percepção visual. Pelo contrário, uma enxurrada de processamentos inconscientes ocorre sempre que você vê alguma coisa — todos aqueles pequenos cientistas em plena atividade no seu sistema nervoso. Como Marr assinalou, o sistema visual contém um amplo escopo de suposições embutidas para realizar a tarefa de ver o mundo, sem as quais não seria possível ver — suposições sobre que tipos de objetos poderiam ser responsáveis por que tipos de imagens retinianas. Isso traz um enorme enriquecimento para as nossas idéias sobre como a mente funciona. A mente nos permite ver objetos e compreender a fala como se isso fosse a coisa mais simples do mundo; nada em nossa percepção consciente do que está acontecendo nos fornece uma pista sobre as complexidades cibernéticas que estão ocultas por trás do mais simples ato de percepção. Se a mente não fosse nada mais do que percepção consciente, não teríamos a capacidade de ver nada nem de processar linguagens. Pode haver ou não um inconsciente freudiano de desejos e recordações reprimidos, mas existe um inconsciente de processos computacionais envolvidos em todos os atos mentais. Poderíamos pensar nele como um inconsciente capacitador ou facilitador, em contraste com o inconsciente disruptivo postulado por Freud.

Uma das questões que me interessavam em *Mental Content* dizia respeito a se esses processos computacionais eram sempre realizados numa estrutura semelhante à da linguagem. Seria o caso de haver palavras e frases que são manipuladas em todos os processos mentais, ou existiriam estruturas cognitivas que *moldam* o mundo, no sentido de espelharem seus sujeitos? Os psicólogos exploraram essa idéia de modelos mentais — isomorfismos entre representações mentais e objetos no mundo —, e eu investiguei as credenciais filosóficas da idéia. A idéia de modelos mentais é particularmente atraente quando se considera as imagens mentais. Se formo uma imagem de uma esfera vermelha, é como se eu construísse na minha cabeça uma entidade pictórica que compartilha sua forma com esferas vermelhas existentes no mundo real; e se no olho da minha mente eu imaginar essa esfera girando, é como se fosse uma analogia de uma esfera vermelha concreta girando realmente. Portanto a mente parece trabalhar de fato tanto com representações em forma de modelos como com representações em forma de frases; não é como se, quando imagino uma esfera vermelha, simplesmente dissesse "esfera vermelha" a mim mesmo.

Eram esses os tipos de assuntos trazidos à tona pelo próspero campo da ciência cognitiva, e como Wilde Reader assumi a responsabilidade de investigar essas questões. Em outras palavras, fiz o que tinha de fazer. Tornei-me um filósofo da psicologia plenamente estabelecido.

Desse período, um incidente se destaca na minha mente. Eu era membro de um grupo de discussão para mestres de filosofia que Freddie Ayer tinha formado enquanto ainda professor de Oxford (ele se aposentara antes de eu retornar a Oxford). Um membro do grupo lia um texto que era depois comentado pelos presentes (após um intervalo em que bebidas eram servidas). Numa certa semana em que era a minha vez de fazê-lo, li um texto a respeito da chamada teoria sintática da mente, que sustenta que afinal de contas os pensamentos não têm conteúdo, sendo meramente símbolos vazios em nossas cabeças. Enquanto lia o texto, podia perceber que Michael Dummett, cujos pontos de vista discuti no capítulo 4, e que era na época o Professor Wykeham de Lógica, estava impaciente, tamborilando os dedos sobre a mesa.

Dummett era um homem rotundo com um emaranhado de cabelos brancos manchados pela nicotina que emitia contínuos risinhos e era propenso a arrebatamentos temperamentais. Certa vez alguém disse que ele parecia saído de um barril de farinha para lamber os lábios — tão branca e pastosa era a sua aparência. Quando o período para os debates começou, ele rude e violentamente atacou o uso que fiz da frase "teoria sintática da mente", que ele parecia desconhecer que era corrente na época. Quando tentei explicá-la, ele me interrompeu com um tom ainda mais rude e condescendente. Eu não fazia a menor idéia de qual era a causa desse ataque e estava atônito; durante alguns minutos não consegui pronunciar uma só palavra e a sala permaneceu em silêncio. Outros membros do grupo tentaram dizer alguma coisa, mas estava claro que não seria possível prosseguir com a discussão naquele dia. Eu certamente não desejava debater mais nada com Dummett, após sua rudeza, e o encontro acabou terminando mais cedo. Mais tarde, todos exceto um dos membros do grupo me escreveram cartas solidarizando-se comigo pelo ataque que eu sofrera de parte de um membro muito antigo da faculdade, e pedindo para juntar-me novamente ao grupo, observando que Dummett era conhecido por essas explosões de irascibilidade. Mas era tarde demais: a experiência tinha sido muito deteriorante para mim e não tinha o menor desejo de voltar a discutir filosofia com ele. Houve uma desagradável troca de correspondência entre nós e o grupo, na minha ausência, solicitou coletivamente que ele me pedisse desculpa. Dummett acabou se desculpando, com má vontade e friamente, várias semanas depois. A minha suspeita era de que ele tinha apoiado Peacocke para o cargo de Wilde Reader — Peacocke fora seu aluno e depois seu colega na New College —, e os outros membros do comitê de seleção tinham passado por cima dele. Isso o irritou e ele de certo modo resolveu pôr a culpa em mim. De qualquer maneira, foi um momento detestável e mesquinho, e não consigo pensar nisso agora sem um sentimento de raiva e de injustiça. A maior parte das pessoas em Oxford era civilizada e acolhedora, mas esse incidente se destaca como um desagradável lembrete da ira acadêmica. Acredito que sempre é importante manter um tom educado nas discussões filosóficas, a despeito de o quanto se possa discordar de outra pessoa, e isso é especialmente importante quando se está lidando com pessoas hierarquicamente inferiores. Tentar provocar e intimidar os colegas mais novos não é tolerável.

Mas voltemos à filosofia propriamente dita, onde o ar é mais puro. Por essa época, eu também estava refletindo sobre a consciência e o problema mente-corpo, e o que estou prestes a descrever foi o acontecimento mais excitante da fase madura da minha vida intelectual. Eu havia lido e estudado *The View from Nowhere*, de Thomas Nagel — um livro excepcionalmente rico e interessante, pleno de substância filosófica —, no qual o autor dá continuidade ao seu antigo interesse pela consciência e sua relação com o mundo físico. A mensagem central de Nagel era que o problema de como a mente consciente está relacionada com o cérebro é uma profunda questão filosófica. Ele rejeitava o reducionismo que era ortodoxia na filosofia, argumentando que não é possível fazer uma análise completa do que vem a ser a consciência em termos puramente físicos. Seu método de argumentação invoca a experiência dos morcegos: quando os morcegos utilizam seu sentido de localização por eco para voar no escuro, vivenciam experiências sensoriais muito diferentes de todas que vivenciamos, de modo que não nos é possível usar os tipos de experiências que temos como modelo para a deles. Somos para os morcegos o que as pessoas cegas de nascença são para aquelas que possuem visão; em ambos os casos não há conhecimento em relação ao que seja ter as experiências que estão faltando. Para saber como é passar por um certo tipo de experiência, você mesmo precisa ter vivido algo que lhe seja ao menos semelhante. Então, como Nagel notoriamente insistiu, não sabemos como é ser um morcego; os morcegos têm uma forma de consciência que é conceitualmente estranha para nós. E isso é nitidamente uma característica geral da consciência: se existem mentes conscientes lá fora, em outras galáxias, elas podem ser bastante anormais do nosso ponto de vista, e nem sequer imagináveis para nós. Mas o cérebro dos morcegos é diferente: podemos vê-lo, abri-lo, pesquisar seus circuitos neurais. O cérebro dos morcegos está aberto à investigação empírica feita por seres humanos ou por qualquer inteligência capaz de apreender conhecimento científico. De modo que *podemos* conhecer o funcionamento do cérebro dos morcegos, mas *não podemos* conhecer a natureza da experiência deles. Como poderia então — Nagel indaga — a mente *ser* apenas o cérebro? Como poderia a consciência ser reduzida a processos cerebrais, levando-se em conta que as duas coisas são tão diferentes? De modo mais simples: se você considerar sua consciência na medida em que a experimenta de dentro de si, ela parece completamente diversa dos processos neurais que alguém possa observar no seu cérebro, um tipo de fenômeno totalmente diferente. Como seria possível que ela não fosse mais do que esses processos?

Esse tipo de argumentação parece um grandioso problema para as teorias materialistas da mente, mas também é difícil aparecer com qualquer outro tipo de teoria. O dualismo tradicional, que considera a mente totalmente separada do cérebro, tem também seus problemas tradicionais, tais como a forma de interação da mente com o cérebro, se a mente pode causar alguma coisa, para que precisamos de um cérebro afinal de contas, se a mente pode progredir sem ele. Quanto a esse tema, eu já me sentira profundamente intrigado pelo problema mente-corpo quando era estudante de psicologia. Ficava imaginando onde os processos mentais estavam localizados: eles tinham de estar localizados em algum lugar, eu pressentia, mas seria a alguns centímetros do cérebro, entre os neurônios, ou talvez inteiramente em algum outro tipo de espaço? No final concluí que tinham de estar localizados exatamente onde seus correlatos neurais se encontravam, e então me tornei uma espécie de teorista da identidade amador, identificando eventos mentais com eventos neurais.

Mas essa teoria não me satisfazia nem naquele tempo, pois persistia o sentimento de que ela não fazia justiça à natureza dos eventos mentais; era uma espécie de força maior intelectual, espremendo a consciência na única caixa disponível, quer ela coubesse dentro ou não. Ainda estava pensando sobre isso em meados dos anos 80 em Oxford, sem estar mais perto de uma solução, insatisfeito com as várias teorias oferecidas na época. Ocorria também de estar pensando muito sobre realismo e se a realidade tinha de ser conhecível pelos seres humanos. Sempre acreditara que a realidade bem poderia sobrepujar o conhecimento humano, sendo a realidade uma coisa e o conhecimento humano, outra. O argumento de Nagel sobre os morcegos parecia um bom exemplo disso: os morcegos vivenciam as experiências, é certo, mas nós, humanos, não temos capacidade de saber como são essas experiências. Talvez também existam coisas sobre o cosmo físico em que nunca seremos capazes de penetrar — a origem do universo, a derradeira estrutura da matéria e da energia. De certo modo, é surpreendente que saibamos tanto quanto sabemos sobre o mundo, considerando que somos criaturas recentemente evoluídas, com uma capacidade cerebral finita. Se a realidade é independente do conhecimento, como supõe o realismo, então é uma questão inteiramente contingente quais as facetas dela que somos capazes de conhecer. Portanto dois conjuntos de pensamentos estavam se mesclando na minha mente nesse período: o desconhecimento potencial da realidade e a natureza profundamente intrigante da relação mente-cérebro.

Você talvez possa adivinhar para onde estou me dirigindo. Certa noite, enquanto repassava essas coisas na mente deitado na minha cama (com muita freqüência deixo a minha mente se voltar para a filosofia antes de dormir; é incrível o que pode pipocar pela manhã), os dois conjuntos de idéias se entrelaçaram. Foi um desses lampejos que conheço do relato de memórias de outras pessoas. Talvez o motivo pelo qual estamos tendo tanta dificuldade para resolver o problema mente-corpo seja o fato de a realidade conter um componente que não temos capacidade de conhecer. Possuímos apenas um domínio muito parcial tanto sobre a mente quanto sobre o cérebro, mas se pudéssemos remediar esse desconhecimento a solução para o problema seria imediata e incontroversa. É como uma dessas histórias de detetive na qual o profissional dispõe apenas de informação limitada e, por mais que tente, não consegue realizar de que maneira poderá solucionar o mistério — o crime parece totalmente impossível de ser explicado com as informações de que dispõe no momento. Então, de repente, ele se depara com a pista crucial que estava faltando e tudo passa a fazer sentido. Mas no caso do problema mente-corpo, conjeturei, a pista não *virá* à tona, o que explica por que durante séculos estivemos confusos em relação a ele. *Poderia* vir à luz, pensei, mas teria de ser muito diferente de tudo que foi considerado até hoje; certamente não seria algum pequeno reparo em uma das teorias correntemente em voga. E no fundo de mim sentia que existia algum obstáculo entranhado em nossa constituição intelectual que nos impedia de descobrir a pista que faltava.

Então pus-me a investigar essa possibilidade, tentando descobrir o que existe em nosso intelecto e na natureza da mente e do cérebro que impede que os dois se encontrem para uma feliz solução do problema. Ao menos parecia uma promissora hipótese a ser trabalhada: estamos sofrendo do que chamei de "desfecho cognitivo", no que diz respeito ao problema mente-corpo. Assim como não podemos esperar que um cachorro solucione problemas sobre espaço e tempo e velocidade da luz, talvez não possamos esperar que a espécie humana compreenda como o universo contém mente e matéria combinadas. Não seria na verdade um ridículo convencimento de nossa parte pensar que a nossa espécie — tão recente, tão contingente, tão limitada em tantos sentidos — pode apesar de tudo desvendar todos os segredos do mundo natural? Como Sócrates sempre dizia, sábio é aquele que sabe que nada sabe.

Escrevi uma versão dessas idéias em um texto intitulado "Can We Solve the Mind-Body Problem?" ("Podemos Resolver o Problema Mente-Corpo?") e o enviei para o *Journal of Philosophy*, uma das mais importantes publicações da área, que aceitara todos os textos que lhes enviara até o momento (até mesmo minhas tentativas mais juvenis). Eles o rejeitaram sem dar explicações, depois de passados vários meses. Foi quando soube que devia estar percebendo algo inovador. Originalidade e rejeição caminham lado a lado quando se trata de revistas acadêmicas muito sérias. Não me importei muito com a rejeição, mas achava importante que o meu texto atingisse um público amplo. Felizmente, Simon Blackburn, então editor de *Mind*, aceitou o trabalho sem hesitação, e ele foi lançado alguns meses depois. É de longe o texto mais citado, relançado e traduzido que escrevi. No próximo capítulo, contarei a história sobre o que resultou dele, mas estava claro, desde o início, que o texto atingira um nervo. Não eram muitos os que concordavam com ele, mas a posição que eu defendia tinha de ser acrescentada à lista das possíveis soluções para o problema mente-corpo. Sou hoje intensamente identificado com a tese desse trabalho e geralmente conhecido como um "misteriano" (termo introduzido por Owen Flanagan.) Às vezes sinto vontade de protestar, "Eu escrevi outras coisas, sabia?".

Uma das minhas funções como Wilde Reader era a de examinador anual do prêmio John Locke. Éramos três, e os outros dois examinadores revezavam — eu era a presença constante. Já mencionei no capítulo 3 o grande papel que o prêmio John Locke desempenhou na minha vida acadêmica; sem ele, duvido que tivesse conseguido me tornar afinal um filósofo profissional. Era eu quem agora decidia quem o ganhava ou não. Nunca conseguia passar por esse processo sem sentir um *frisson* de ansiedade e alívio, ao lembrar dos dias, cerca de treze anos antes, em que ditei meus escritos ilegíveis para um datilógrafo. Sempre olho para o passado para ser o mais justo possível nesse exame, e buscava conferir o prêmio com a maior freqüência possível, mas havia anos em que os examinadores sentiam que ninguém o merecia, e nós, lamentavelmente, divulgávamos uma lista vazia. Também fui convocado para a banca examinadora do bacharelado de filosofia que com dificuldade concluíra no tempo de estudante, e novamente a ironia se fazia presente em minha vida. Esse exame era particularmente oneroso, já que eu tinha de ler cerca de uma dúzia de dissertações por período, cada uma contendo aproximadamente cem páginas, sobre uma ampla variedade de assuntos. O cargo de Wilde Reader estava se provando uma tarefa mais penosa do que eu havia imaginado. Além disso, tinha a responsabilidade de supervisionar alunos da pós-graduação e, numa determinada etapa, havia dez deles com quem lidar. O trabalho de ler suas matérias e me encontrar com eles regularmente para tratar delas era bastante intenso. A impressão de que teria uma quantidade infindável de tempo livre para me dedicar à minha pesquisa revelou-se estar longe de ser realidade (embora não sentisse falta daqueles orientandos aos quais não paro de me referir).

Após três anos em Oxford, eu tinha direito a um período sabático. Recebera um convite da CUNY em Nova York como professor-visitante. Parecia um bom plano: gostava da idéia de passar um tempo em Manhattan, e os filósofos de Nova York eram interessantes, especialmente Jerry Fodor e Thomas Nagel, que eu já conhecia. Oxford parecia pequena e claustrofóbica; não conseguia andar pelas ruas sem esbarrar em alguém conhecido ou que me conhecia, e o lugar carecia da atmosfera de uma grande cidade, que eu sentia falta desde os tempos de Londres. Manhattan parecia o antídoto perfeito. Eu trocaria pináculos oníricos por arranha-céus cintilantes. Então, no inverno de 1988, pousei em Nova York e me acomodaram em um grande e sombrio apartamento perto da Columbia University, que pertencia a Isaac Levi, um professor de filosofia da universidade que fora para Oxford. Foi na verdade nesse apartamento que dei os retoques finais em *Mental Content* e escrevi "Podemos Resolver o Problema Mente-Corpo?" num computador emprestado. Como veio a suceder, essa viagem aos Estados Unidos se provaria muito mais importante do que eu podia ter imaginado quando ali cheguei num dia glacial de janeiro.

O que notei imediatamente — e não sem um sorriso irônico — foi que meu *status* como Wilde Reader de Oxford acarretava instantâneo renome na América; mas me sentia feliz em aceitar a presunção de superioridade tão generosamente conferida a mim. Ao mesmo tempo, também notei que havia pessoas que gostavam da idéia de derrubar alguém do que percebiam como um pedestal, e tive a minha justa cota desse tipo de crítica. Quando fui convidado para dar uma palestra na CUNY sobre o problema mente-corpo, a sala normalmente utilizada para apresentações era pequena demais para o amontoado de gente que veio assistir, e o evento teve de ser transferido para um grande auditório no subsolo. Compreendi que "tinha chegado", mas não tinha certeza sobre que bases. O fato de ser Wilde Reader de Oxford seria o bastante? Será que eu simplesmente era mais popular em um país do que no outro?

Desfrutei imensamente essa visita a Nova York — filosoficamente e de outros modos — e conheci muitos dos seus filósofos, inclusive Fodor e Nagel. Quando chegou a hora de ir embora, tive um sentimento de perda, e a vidinha de Oxford parecia confinante em comparação. Tinha de me perguntar se podia me ver passando os próximos trinta ou tantos anos como Wilde Reader de filosofia mental na provinciana cidade inglesa de Oxford.

CAPÍTULO SETE

Metafilosofia e Ficção

NO FINAL DOS ANOS 80, A FILOSOFIA TORNOU-SE UMA ÁREA deprimente na Inglaterra. A política de governo adotada durante os anos conservadores de Thatcher impôs severos cortes nos financiamentos às universidades, o que se traduziu na carência de professores. Isso foi muito desmotivante para os alunos formados que buscavam fazer carreira ensinando filosofia, pois já é difícil o bastante conseguir graduar-se em filosofia e, se ainda por cima, você sabe que não haverá emprego no final do curso, não importa o quanto tenha se saído bem nesta situação pode ser um motivo para lhe deixar numa pior. O moral estava baixo, portanto. Os encontros com meus alunos graduados freqüentemente consistiam em lamentações e expressões de desesperança. O pagamento para os que tinham emprego na universidade também era mínimo e havia um sentimento geral de desvalor. A situação também não indicava um futuro muito melhor. Além disso — e parcialmente por causa disso — a qualidade da filosofia que estava sendo produzida na Inglaterra era nitidamente ruim. Oxford, em particular, havia decaído e entrara numa fase autocentrada na qual os trabalhos ali produzidos, um tanto medíocres, eram enaltecidos como se fossem grandes revelações. Atribui-se à ilustre filósofa Elizabeth Anscombe, uma mulher autenticamente intimidante, amiga de Wittgenstein, agora já falecida, o comentário de que não há nada pior do que ouvir um filósofo de segunda classe de Oxford falando para outro filósofo de segunda classe de Oxford o quão brilhante ele é — e isso de certo modo resumiu tudo para mim.

Em muitas ocasiões tentei introduzir idéias provenientes do outro lado do Atlântico nas discussões filosóficas, apenas para ser recebido com incompreensão, o que me dava a leve sensação de que tinha acabado de dar um passo em falso. Enquanto isso, os alunos eram expostos a discursos obscuros, estreitos e vazios sobre o que algum outro filósofo de Oxford dissera no seminário da semana anterior. Eu não apreciava essa atmosfera intelectual, para dizer o mínimo. Ela significava, entre outras coisas, que eram poucas as oportunidades para participar do tipo de discussão objetiva, rigorosa e informada que é tão importante para um filósofo. Em geral eu só conversava com meus colegas do departamento de psicologia, e eles tendiam a se voltar para a questão de qual é afinal o sentido da filosofia. Os psicólogos são insensíveis aos assuntos filosóficos, e sua formação os leva à convicção — poderia dizer preconceito — de que as únicas questões verdadeiras são aquelas que podem ser estabelecidas por meio de experimentos controlados; questões conceituais abstratas simplesmente não são levadas em conta pela maioria deles. Logo cansei-me desse tipo de discussão de hora do almoço, na qual o valor da minha disciplina era constantemente questionado por pessoas que não faziam a menor idéia do que ela envolvia. Freqüentemente eu me limitava a aconselhar meu interlocutor a *ler algum livro*.

Logo depois de chegar a Oxford vindo de Nova York, recebi uma oferta de emprego da Rutgers University, que fica em Nova Jersey. O nome Rutgers não tem, para a maior parte das pessoas, a ressonância que Oxford impõe. Mas naquela época, a Rutgers estava se estabelecendo como um importante centro de filosofia, contratando uma série de veteranos de primeira linha. O seu golpe de mestre foi contratar Jerry Fodor e designá-lo tanto para o departamento de ciência cognitiva quanto para o departamento de filosofia. Fodor (que agora é meu amigo íntimo) é um homem gentil em um corpo robusto, predisposto a um estilo ainda mais robusto de argumentar. É tímido e volúvel ao mesmo tempo, amante dos gatos e um exterminador de filósofos. É um formidável polemista que carrega o fardo de uma alma sensível. Gosta de liquidar com seus oponentes à tarde e depois se emocionar assistindo a uma ópera à noite. Discordar de

Jerry sobre um tema filosófico, especialmente um que lhe seja caro, pode acabar se tornando uma experiência amarga; mesmo quando está muitíssimo enganado, ele parece estar vencendo a discussão. A sua rapidez mental, inventividade e inteligência aguçada não devem ser provocadas antes da primeira xícara de café matinal. Bem, o fato de Jerry Fodor estar na Rutgers colocou a faculdade instantaneamente no mapa, já que Fodor é por unanimidade o principal filósofo da mente que existe no mundo hoje. Eu o conheci na Inglaterra nos anos 70 e passei um bom tempo com ele em Nova York durante a minha licença. Passei a considerá-lo um artigo genuíno, intelectualmente falando (embora nem sempre nos encontremos frente a frente). A Rutgers estava agora estabilizada para construir sobre esse alicerce; convidar-me para fazer parte do departamento fazia parte desse esforço. Mas eu não estava seguro: mudar para os Estados Unidos era dar um grande passo, sem falar nas questões práticas que teriam de ser encaradas. Nunca fui bom em questões práticas, considerando-as na melhor das hipóteses desviantes e, na pior, totalmente paralisantes. O que faria com os meus móveis? Teria realmente de preencher todos aqueles formulários da imigração? O que aconteceria se eu fosse e não gostasse do lugar?

Pedi em Oxford que me concedessem um período de licença sem remuneração, para eu poder visitar a Rutgers e verificar como me sentiria por lá (esse tipo de dispensa havia sido concedido a outros anteriormente). Para minha surpresa, eles negaram o meu pedido, e a tardia chegada da decisão significava que eu já estava comprometido com minha ida para a Rutgers. O conselho geral, que tomou a decisão — um comitê que não era constituído de filósofos —, recusou-se a ser leniente ou explicar seu veredicto, mesmo depois que indiquei os graves problemas financeiros ou de outra espécie que essa recusa me causaria, e seus membros não se reuniriam comigo para discutir o assunto. No final, assumi o termo de licença unilateralmente, o que me deixou ainda mais encrencado com o conselho geral, e fui obrigado a demitir-me do meu cargo em Oxford, sem ter experimentado a Rutgers de maneira adequada e sem ter obtido um *green card*. Isso me deixou um gosto amargo na boca e me causou muita ansiedade e inconvenientes. Os filósofos de Oxford estavam do meu lado em tudo isso, mas os membros sem rosto do conselho geral estavam determinados a não me deixar obter um termo de licença não-remunerada, o que, entre outras coisas, teria resultado na economia de algum dinheiro para a universidade, em tempos de vacas magras. Ainda não faço a menor idéia do que os levou a agir dessa forma. Nada disso, desnecessário dizer, foi agradável para mim. Senti a ferroada da autoridade arbitrária, que evidentemente estava indiferente ao bem-estar de alguém sem poder e com muito a perder. No momento da minha demissão, decidi que não faria mais nada para ajudar a Universidade de Oxford no futuro — sendo este o único e insignificante protesto que eu poderia fazer — e mantive-me firme nessa decisão. Assim, o meu tempo em Oxford terminou de forma desagradável, abrupta e dramática, depois de apenas três anos no cargo. Nunca mais voltei desde então. Emocionalmente, não há mais nada entre mim e Oxford, apesar dos ocasionais bons tempos que ali vivi e do meu deslumbramento juvenil pelo lugar.

Pouparei o meu paciente leitor dos detalhes das minhas atribulações práticas ao fazer minha mudança para a América. Basta mencionar que elas foram traumáticas e desalentadoras (pessoas que têm fobia de questões práticas me compreenderão). Dedicar-me à filosofia estava fora de questão. Isso foi particularmente penoso, porque eu estava no meio de um trabalho sobre consciência e desfecho cognitivo, e queria vê-lo pronto e publicado. A essa altura estava morando em Manhattan, com um visto temporário, indo e vindo da Rutgers, tentando ao menos dar as aulas, enquanto negociava com o serviço de imigração e naturalização e outras distintas instituições. Mas finalmente essa fase dolorosa e desgastante chegou ao fim, após cerca de um ano, quando obtive o *status* de "estrangeiro residente" e pude voltar a trabalhar. Escrevi outros três textos sobre a consciência, desenvolvendo o ponto de vista que eu havia estabelecido em "Podemos Resolver o Problema Mente-Corpo?" Juntei-os a alguns trabalhos mais antigos que escrevera sobre o problema mente-corpo e publiquei um livro intitulado *The Problem of Consciousness*, em 1991. As minhas expectativas não eram grandes em relação a este livro, uma vez que, na verdade, ele era apenas uma compilação de ensaios, a maioria deles já publicados, mas provavelmente foi o momento certo, pois o livro vendeu extremamente bem para um texto acadêmico (o que não é o mesmo que dizer muito bem) e chegou a ter várias reedições.

A consciência estava em ebulição e os anos seguintes veriam um aumento do interesse pelo tema. Suspeito que meu princípio pessimista quanto à resolução do problema funcionou como um estímulo para algumas pessoas tentarem apresentar algo a respeito. Daniel Dennett, em particular, publicou um livro chamado *Consciousness Explained*, logo após meu livro ser lançado, dizendo que não podia ser. A minha tese parecia ter deixado enfurecido o volátil Dennett, e ele chegou a escrever, em uma crítica ao meu livro, que se sentia "constrangido de partilhar a mesma profissão" que eu, que ousara afirmar que o problema da consciência poderia não ser solucionado por meio do intelecto humano. Considerei esse comentário absolutamente inaceitável e meu relacionamento com ele, até então cordial, foi por água a baixo a partir daquele instante. Quando posteriormente apresentei uma longa crítica do livro de Dennett em um encontro da American Philosophical Association, onde ele estava presente e poderia responder se quisesse, a atmosfera era nitidamente hostil, e ele mais tarde me acusou de tentar "dar o troco", por causa da crítica que fizera ao meu livro. Na verdade, eu simplesmente considerei sua posição implausível e seus argumentos nada convincentes — e disse isso.

Dato a publicação de *The Problem of Consciousness* como a época em que saí do armário acadêmico e desci da torre-de-marfim (perdoem-me as metáforas misturadas). As minhas idéias a respeito da consciência começaram a despertar interesse fora do estreito mundo filosófico acadêmico. A revista *Scientific American* publicou um artigo sobre a consciência no qual fui destacado junto com uma fotografia em que parecia Anthony Hopkins em *O silêncio dos inocentes* (é freqüente dizerem que o ator e eu somos parecidos); o texto sob a foto me descrevia como um "misteriano radical". A revista *Time* publicou uma matéria de capa sobre mentes conscientes e computadores, motivada pelo jogo de xadrez entre o Deep Blue e Kasparov — em que no mesmo parágrafo eu era citado junto com ninguém menos do que Shirley MacLaine, conhecida mística e adepta da reencarnação. A *Newsweek* japonesa destacou o assunto a seu modo, para o qual fui fotografado com uma lanterna cônica que oscilava para produzir um efeito misterioso. A *Omni* também publicou uma matéria, mas sem efeitos especiais. Também apareci brevemente no programa *Nightline*, com Ted Koppel, falando sobre mentes e máquinas, e em um documentário canadense sobre a consciência. Até na *Art Forum* apareci, entre todos os lugares, acompanhado de uma foto da antiga banda de rock The New Mysterians, cujo nome serviu para batizar a minha posição. Isso tudo era muito divertido e me fez perceber que a filosofia podia ser interessante para pessoas que não estavam profissionalmente comprometidas com ela.

Ao mesmo tempo, três outras atividades extracurriculares me ocuparam. Primeiro, comecei a escrever mais para revistas e periódicos que não tinham leitores exclusivamente de filosofia: *Times Literary Supplement*, *London Review of Books*, *New Republic*, *Lingua Franca* e outros. Escrevi até um artigo sobre academias de ginástica para a revista *New York*, já que havia me tornado uma espécie de rato de academia. Sim, eu estava escrevendo principalmente sobre livros de filosofia, mas pelo menos estava me dirigindo a um público mais amplo e aprendendo a transmitir conceitos complicados a pessoas que não haviam sido profissionalmente preparadas para lidar com eles. Sempre valorizei a clareza da escrita, e essa era uma oportunidade de levar essa clareza às pessoas que podiam se sentir confundidas com o obscuro jargão habitualmente usado (ou abusado) pelos filósofos acadêmicos. Acredito que a filosofia pode ser do interesse de todos, mesmo o tipo de filosofia "seca" que tenho apresentado neste livro. Quero dar às pessoas o artigo genuíno, quero que elas se sintam envolvidas com o assunto.

A minha segunda nova atividade envolveu uma incursão na ética prática. Desde que me mudei para a América, passei a me preocupar com a qualidade do debate público sobre temas éticos práticos, como drogas, aborto, violência e assim por diante (não que a situação fosse melhor na Inglaterra). Ocorreu-me que a racionalidade calma e comedida da filosofia poderia ser utilizada de forma proveitosa para lidar com essas questões, e o que estava realmente faltando era um livro que pudesse ser lido por um aluno típico do segundo grau ou por um calouro universitário. Eu não visava a dar nenhuma contribuição original a esses temas, mas simplesmente reuni-los de uma forma clara e acessível. A minha ênfase estava centrada nos tipos de decisões práticas que pessoas reais enfrentam em relação ao sexo, censura, autodefesa, comer carne, fazer aborto, consumir drogas.

Suponho que a minha posição geral seria descrita como a de liberal, mas sou um firme anti-relativista em se tratando de ética e acredito firmemente na idéia de virtude e de conduta correta; apenas a minha idéia de conduta correta pode não coincidir com a da maioria conservadora. Sou a favor da tolerância, da liberdade individual e da generosidade com os outros. Acima de tudo, sou a favor do pensamento claro e sem preconceitos sobre quaisquer assuntos. Assim, por exemplo, acredito que o pensamento claro e desanuviado recomenda que as drogas deviam ser descriminalizadas, não apenas devido a considerações sobre liberdade pessoal como também por uma questão de política pública sensata. O livro que escrevi, intitulado *Moral Literacy, or How to Do the Right Thing,* foi publicado em 1993 e usado amplamente nas faculdades. Recebi recentemente um e-mail de um aluno do segundo grau que lera o livro e desejava me fazer uma pergunta sobre violência. Esse tipo de texto popular não tem valor nem angaria o dos seus colegas filósofos ("Ah, McGinn voltou-se inteiramente para o popular nos últimos tempos, ele que costumava ser um bom filósofo, à sua maneira"), mas, para mim, a literatura popular é extremamente importante e ficaria feliz se conseguisse ser mais eficaz nessa área. Admiro o trabalho de Peter Singer nesse sentido, embora não consiga escrever sobre ética prática com a mesma convicção sincera que ele é capaz de agregar. É, como dizem, trabalho sujo escrever sobre a moralidade, mas alguém tem de fazê-lo.

O meu terceiro afastamento do estreito caminho acadêmico retorna à ficção. Meu primeiro romance, *Bad Patches*, não encontrou uma editora, e talvez isso não tivesse muita importância (embora eu tenha um fraco por esse livro), mas ainda não me sentia derrotado como romancista. Enquanto estava no processo de deixar o país em que nasci e mudar-me para a América — passando por todas as experiências dolorosas que o acompanham —, concebi a idéia de um romance que lidaria com esse tipo de deslocamento, mas de uma maneira mais tematicamente psicológica do que o habitual. A minha história era a respeito de um vendedor de seguros comum, chamado Alan Swift (especialidade: carros, colisões), que morava em Holloway, em Londres, e que um dia decide viajar a Nova York para fugir temporariamente de sua vida confinada, sem contar à sua esposa e filho para onde está indo — ele apenas se afasta e desaparece. Uma vez em Nova York, o prazo do seu visto expira, pois não consegue tomar a decisão de retornar à Inglaterra, e ele se torna um estrangeiro ilegal, trabalhando em uma loja de fotocópia e refazendo sua vida em vários sentidos. A sua história superficialmente prosaica é entrelaçada com duas outras linhas de narrativa: uma delas corresponde à sua imaginativa vida fantasiosa, que se desgasta à medida que ele escapa do passado; a outra linha corresponde a uma voz do seu inconsciente, que oscila incomodamente entre a claustrofobia e a agorafobia. Esta última é a voz do medo, da ansiedade e do pânico. O conjunto é uma reflexão sobre viagem e lar, e é intitulado *The Space Trap*. Em casa sentimos as constrições da claustrofobia, mas se nos afastamos muito de casa, a agorafobia torna-se a nossa condição. O romance é uma espécie de comédia de humor negro, na qual o próprio espaço é o monstro multiforme, onipresente e incontrolável.

Dessa vez encontrei uma editora para o livro, e ele foi publicado pela Duckworth, na Inglaterra, em 1993, junto com *Moral Literacy*. O respeitável Colin Haycraft era o meu editor, com quem desenvolvi uma estimulante amizade; infelizmente, no entanto, ele faleceria poucos anos depois. O romance recebeu algumas críticas favoráveis, particularmente do *Times* de Londres, mas nunca realmente decolou; não alcançou o patamar de venda para ser publicado como livro de bolso e agora está esgotado. Não obstante, consegui escrever um romance que acabou por ser publicado, e algumas pessoas parecem ter realmente gostado dele. No entanto, não senti que o livro tivesse feito um sucesso que justificasse dedicar mais tempo escrevendo ficção, especialmente quando eu tinha filosofia para escrever — e sabia que *isto* eu podia fazer suficientemente bem. Pode ser que um dia eu volte a escrever ficção, mas não criei nem um diálogo sequer nos quase dez anos que se passaram desde então. Ocasionalmente, sinto uma coceira, mas sempre surge algo mais urgente na frente para fazer.

O meu trabalho filosófico nessa época envolvia um retorno à própria natureza da filosofia, uma coisa apropriada talvez, já que fazia agora vinte anos que eu era um filósofo. A filosofia da filosofia é chamada de "metafilosofia": ela investiga a natureza dos problemas filosóficos, a possibilidade do conhecimento filosófico, quais métodos adotar para progredir filosoficamente. Talvez seja a parte da filosofia menos desenvolvida e por isso mesmo repleta de controvérsias. Uma das questões perenes da metafilosofia é por que a filosofia não realiza o tipo de progresso firme e seguro que associamos às ciências e à história, à arqueologia e até mesmo ao conhecimento literário. Na filosofia, parece que cada geração repudia os supostos *insights* da geração anterior, de modo que não existe um corpo cumulativo de conhecimento filosófico com o qual todos possam concordar; os filósofos parecem estar sempre batendo boca, grosseiramente falando. Thomas Kuhn se referia aos períodos da ciência de progresso revolucionário, por um lado, no qual os "paradigmas" são drasticamente derrubados, e da ciência normal, por outro, no qual os cientistas trabalham constantemente para aumentar o conhecimento no interior de um conjunto de suposições. Em filosofia, parece que nunca alcançamos a fase normal, na qual um corpo teórico é generalizadamente aceito e desenvolvido; tudo parece estar sempre mais ou menos no ar.

Certamente, a cada poucas décadas alguém concebe um novo método ou abordagem que promete produzir o tipo de avanço sólido de que outras disciplinas desfrutam, mas geralmente não demora muito até isso cair por terra e a discórdia retornar como um parente indesejado. E não é que os filósofos sejam um bando de lesados, relativamente falando, como alunos do quarto ano que tentam desvendar sozinhos a astrofísica. Arrisco-me a dizer que os filósofos em geral tendem a ser pessoas de considerável inteligência, muitos deles altamente competentes na ciência e dotados de excelentes aptidões intelectuais. Não que baste deixar alguns cientistas de verdade à vontade com os problemas filosóficos para que eles apareçam com todas as respostas às suas perguntas em questão de dias. Na verdade, quando os cientistas, especialmente aqueles ilustres, põem-se a escrever filosofia — em geral depois de se aposentarem —, os resultados são muitas vezes bastante ineptos, risíveis até.

Então o que *é* que torna a filosofia tão difícil? Por que ainda não temos nenhuma prova de que existe um mundo exterior ou de que existem outras inteligências além da nossa? Por que o livre-arbítrio ainda é tão calorosamente debatido? Por que nos preocupamos tanto tentando descobrir o que vem a ser o *self*? Por que é tão exasperante e difícil determinar a relação entre a consciência e o cérebro?

Respostas a essas questões metafilosóficas foram defendidas por diferentes filósofos em diferentes épocas; não houve falta de metafilosofias, cada uma delas tão calorosamente contestada quanto os temas que pretendia elucidar. A visão tradicional, que remonta a Platão, é que a filosofia tem como foco uma região da realidade especialmente etérea e remota — o mundo das Formas abstratas ou Universais, que apenas vislumbramos vagamente. Para saber o que a beleza realmente é, por exemplo, precisaríamos ter uma clara compreensão da forma da beleza; mas essa forma repousa numa região da realidade — freqüentemente referida como o "céu platônico" —, cujo acesso não conseguimos obter com clareza em nosso estado mortal. As questões da filosofia são portanto simplesmente mais profundas — mais elevadas — do que as questões da ciência, que têm meramente como objeto o costumeiro mundo empírico da observação sensorial. Algumas partes da realidade são simplesmente mais profundas do que outras, mais complexas ou sutis. Grande parte da filosofia tem como objeto o que Platão teria chamado de alma, e a alma é a mais profunda das realidades, o mais escuro poço, a mais sutil das substâncias. Filosofia é o estudo do Profundo.

Uma outra visão, no outro extremo — e popular durante meados do século XX —, é a de que a filosofia consiste em um punhado de pseudoquestões sem sentido. Considerando que essas questões não fazem sentido, elas obviamente não fornecem respostas satisfatórias. As questões filosóficas são como as "questões" de por que as idéias verdes incolores adormecem violentamente, ou qual seria a altura de ninguém, ou o que aconteceria com um número se você o imergisse na água fria. Estas são apenas questões inapropriadas e mal formuladas; têm meramente a forma gramatical de questões. Esse tipo de metafilosofia era defendido de uma forma surpreendentemente acentuada pelos positivistas lógicos, um grupo de cientistas de orientação filosófica que trabalhou principalmente em Viena, nos anos 30. Eles dividiam as frases significativas em duas classes: aquelas que podiam ser verificadas por meio de observação e experimentos — como as sentenças da química e da física — e aquelas que eram meras tautologias, como "os solteiros são homens que não se casaram" e "tudo é o que é". Já que as questões que os filósofos debatem — como "O arbítrio é livre?" ou "A mente é uma substância separada do corpo?" — não pertencem a nenhuma dessas categorias, elas não devem ter sentido, e portanto deveriam ser banidas do respeitável discurso intelectual.

Acabou a filosofia para você! A filosofia não passa de uma lengalenga que ressoa de forma portentosa.

Wittgenstein e os chamados filósofos da linguagem comum do período pós-guerra adotaram basicamente uma versão um tanto mais suave da mesma idéia. Eles afirmavam que os problemas filosóficos surgem através da compreensão equivocada da nossa própria linguagem e depois por utilizá-la de certas formas que ela não pode comportar. Assim, na fala cotidiana, é incomum dizermos "o arbítrio é livre" ou "as ações humanas são determinadas pela lei e pela causalidade", estando portanto essas frases *ipso facto* sob suspeita de não fazerem sentido. E quando nos atemos a exemplos habituais de frases sobre a ação humana, descobrimos que não há problemas quanto à sua verdade: "Johnny decidiu ir ao mercado para comprar comida; ninguém o impediu; e ele voltou de ônibus em segurança." Onde está o problema filosófico nessa descrição do que aconteceu? E isso não é tudo que queremos dizer com a maçante discussão filosófica sobre "livre-arbítrio"? Precisamos apenas empregar o vocabulário corrente que utilizamos para falar das ações humanas e constataremos que nenhum problema insolúvel é engendrado por ele. Os problemas surgem quando inventamos um novo vocabulário filosófico ou distorcemos as palavras que usamos em um contexto, transferindo-as para outro contexto. O filósofo precisa de terapia, não de soluções — alguma coisa que o cure de sua tendência profissional de se fartar de linguagem mal empregada.

Uma terceira visão, popular no final do século XX, é a de que a filosofia não é nada mais do que ciência imatura. Aqui a idéia é de que aquilo que *agora* chamamos de filosofia é apenas o resíduo de problemas restantes, na medida em que a ciência absorveu cada vez mais o que *costumava* ser chamado assim. Primeiro a matemática e a física se originaram do que era chamado de filosofia; depois a biologia criou o seu próprio espaço no mundo; a psicologia é o mais recente subproduto, enquanto trabalha para se estabelecer como uma ciência sólida. Portanto a filosofia *realiza* progressos; ela gradualmente se transforma em ciência. Apenas *aparenta* não progredir, porque utilizamos "filosofia" como um rótulo para o que ainda não se originou. A filosofia da linguagem se transformará em lingüística, a filosofia da mente se transformará em psicologia, a metafísica acabará se tornando um ramo da física comum. "Filosofia" é simplesmente o nome que usamos para objetos do conhecimento que ainda não se desenvolveram.

Pessoalmente penso que nenhuma dessas visões está correta. Parece-me que os problemas filosóficos clássicos são perfeitamente significativos, não são ciência incipiente, e também não estão relacionados com alguma região remota e sutil da realidade. Baseio-me na minha posição sobre a consciência: a razão pela qual não conseguimos progredir solidamente em relação ao problema mente-corpo é que a inteligência humana não foi concebida para isso. Essa talvez seja, então, a explicação mais abrangente para a intratabilidade filosófica; os problemas filosóficos são de uma espécie inadequada ao modo particular com o qual produzimos conhecimento no mundo. A questão então é o que há com os problemas e a nossa inteligência, que torna esta inadequada para aqueles. De modo mais geral, qual a extensão da estrutura da inteligência humana e o que determina suas forças e fraquezas? As minhas idéias sobre essas questões estão no meu livro *Problems in Philosophy: The Limits of Enquiry*, publicado em 1996. Não vou entrar em detalhes sobre elas aqui, uma vez que meu recente livro *The Mysterious Flame* (1999) já contém um abrangente tratamento popular dessas idéias. Mas farei um apanhado da metafilosofia que defendo (caso você ainda não possua o livro).

Enquanto trabalhava na questão da extensão e dos limites da inteligência humana, redescobri Noam Chomsky, que me influenciou muito no meu tempo de estudante. Fazia tempo que Chomsky defendia a idéia de que o que chamamos de inteligência humana é na verdade um conjunto de "módulos cognitivos" especializados em suas áreas de aplicação. O conhecimento da linguagem, por exemplo, é um módulo separado com uma base inata que determina sua extensão e modo de operação; esse módulo nos possibilita aprender uma língua com notável rapidez, mas não está equipado para aprender uma língua que possua um tipo radicalmente diferente de gramática. Em geral, o que conhecemos vagamente por inteligência humana é uma questão de sistemas específicos que são ricamente estruturados e dedicados a tarefas particulares; a inteligência não é algum tipo de dispositivo infinitamente plástico adequado a todos os propósitos de aquisição do saber. Existem "inteligências", não uma faculdade de inteligência uniforme e que a tudo abarca. Ler Chomsky novamente me fez perceber a relevância dessa concepção da inteligência humana para a metafilosofia; a filosofia é difícil como é pelo mesmo motivo que crianças humanas teriam dificuldade para aprender a linguagem dos marcianos — a tarefa e o instrumento não foram feitos um para o outro. É como tentar quebrar nozes com um espanador de pó.

Comecei a me corresponder com Chomsky sobre essas questões e era bom estar colaborando com alguém que fora um grande mito intelectual para mim, vinte e cinco anos antes. Ele generosamente até leu todo o meu manuscrito de *Problems in Philosophy* e escreveu comentários detalhados a respeito dele (fez isso enquanto viajava de avião para dar uma palestra em algum lugar da América do Sul; a velocidade e a capacidade intelectuais de Chomsky são lendárias — ele parece ser o único ser humano para quem suas próprias teorias da limitação cognitiva não são verdadeiras!). A hipótese central do meu livro é que existe uma certa estrutura cognitiva que molda o nosso conhecimento do mundo, e que essa estrutura é inapropriada quando se trata de problemas filosóficos essenciais. Chamo a isso de hipótese CALM, acrônimo de Combinatorial Atomism with Lawlike Mappings, um sistema de princípios combinatórios. *Grosso modo*, você compreende algo quando conhece as partes que o compõem e o modo como estas se articulam, como também o modo como o todo se modifica ao longo do tempo; você então elucidou o fenômeno em questão — CALM. As entidades naturais são basicamente sistemas complexos de partes interagentes que evoluem com o passar do tempo, como resultado de várias influências causais. Isso é obviamente verdadeiro para os objetos físicos inanimados, que são complexos espaciais feitos de moléculas, átomos e quarks, e sujeitos às forças físicas da natureza. Mas também se aplica aos organismos biológicos, nos quais as partes incluem agora os rins, coração, pulmões e as células que compõem esses órgãos. A mesma arquitetura abstrata também se aplica à língua: as sentenças são complexos de elementos mais simples (palavras e frases) reunidos de acordo com regras gramaticais. As entidades matemáticas, como triângulos, equações e números, também são complexos que podem ser decompostos em elementos mais simples. Em todos esses casos, podemos apropriadamente empregar o método de pensamento CALM: conceituamos as entidades em questão, separando-as em partes e articulando o modo como se combinam.

Compreender é uma questão de decompor e recombinar, observando como a natureza "constitui uma totalidade coerente", a aparência que sua anatomia tem. Desse modo conseguimos compreender como um tipo de entidade depende de outras: os objetos físicos precisam dos átomos, os organismos não podem existir sem os órgãos e as células, as sentenças derivam-se das palavras, a figura tridimensional é construída a partir de planos, linhas e ângulos. A natureza é um sistema de entidades derivadas, o básico construindo o menos básico; e compreender a natureza é descobrir como a derivação funciona. A estrutura CALM é o formato geral para esse tipo de compreensão: encontre os átomos e as leis da combinação e da evolução e depois derive a miríade de objetos complexos encontrados na natureza. Se a incompreensão é um estado de ansiedade ou de caos, então a estrutura CALM é o que proporciona calma. Pergunta: os princípios CALM funcionam para a filosofia?

Considere o modo como a mente depende do cérebro. O cérebro em si é um objeto espacial complexo, formado de minúsculas células chamadas neurônios, conectadas por meio de fibras chamadas dendritos e axônios. A consciência evidentemente depende da atividade dessas células interagentes: um grupo particular de células é estimulado e você experimenta, digamos, uma tonalidade específica de vermelho. De alguma forma a sua experiência derivou dessas atividades neurais, que são eletroquímicas por natureza. Mas o modo de derivação envolvido não se encaixa na estrutura CALM; não que sua experiência seja literalmente *composta* de atividades neurais correspondentes. Se existe algo que compõe sua experiência, ele ocorre no nível fenomenológico — por exemplo, você poderia ter uma complexa sensação de uma forma esférica com um amassado no lado, o todo contendo as cores verde e vermelho em um padrão estampado irregular. Mas naturalmente você não tem, no caso típico, uma sensação *dos* neurônios e de suas atividades celulares (para isso você teria de olhar dentro do próprio cérebro). Existem partes das atividades cerebrais que se encaixam na estrutura CALM — processos celulares menores, reações moleculares etc. Mas a experiência, como ela se lhe mostra enquanto você a vivencia, não se reduz a esses processos físicos mais elementares. Se fosse assim, dificilmente *haveria* um problema mente-corpo, uma vez que seríamos capazes de compreender exatamente o que ocorre quando o cérebro origina os processos conscientes.

O problema em si é que a mente consciente não é algo que emerge do cérebro, assim como um todo emerge de suas partes. A consciência não é, aparentemente, uma massa grossa de tecido cerebral, com partes fenomenológicas correspondendo às partes da massa. De algum modo o cérebro gera a mente, mas não o faz por meio de simples agregação espacial. Então a mente é bem diferente dos órgãos comuns do corpo, que são simples agregações de partes biológicas mais elementares. É precisamente por isso, é claro, que o dualista está convencido de que a mente é algo inteiramente separado do cérebro.

Em *Problems in Philosophy* eu argumento que algo muito semelhante é válido para o caso do eu, do livre-arbítrio, do significado e do saber. Existem brechas abismais entre esses fenômenos e os fenômenos mais básicos de onde eles procedem, de forma que não podemos aplicar os princípios CALM para dar sentido ao que observamos. A essência de um problema filosófico é o salto inexplicável, o passo de uma coisa para outra sem qualquer concepção de uma ponte que sustente o passo. Por exemplo, uma decisão livre envolve a transição de um conjunto de crenças e desejos para uma escolha particular; mas essa escolha não é *ditada* pelo que a precede — por isso ela se assemelha a um salto sem mediação. Ou seja, a escolha não pode ser justificada simplesmente em termos das crenças e desejos que a alimentam, assim como os estados conscientes não podem ser justificados em termos dos processos neurais dos quais emanam. Em ambos os casos, é como se fôssemos apresentados a algo radicalmente novo, que não está vindo de lugar nenhum, como se um novo ato de criação fosse necessário para lhe dar existência. E essa é a marca da nossa falta de compreensão. A existência da vida animal *parecia* uma erupção oriunda de lugar nenhum (ou um ato de Deus), até compreendermos o processo da evolução por seleção natural; podemos então começar a conhecer como as transições funcionam, do simples para o mais complexo. Mas em filosofia, normalmente carecemos do tipo certo de teoria explanatória, e assim nos encontramos profundamente intrigados com o funcionamento do mundo.

Essa mensagem não é muito apropriada para o filósofo otimista que quer *solucionar* os difíceis problemas que fizeram com que ele abraçasse a filosofia. Pois estou afirmando que essa é uma meta inútil; o meu livro poderia igualmente ter se chamado *A inutilidade da filosofia* (na verdade eu queria chamá-lo de *A dificuldade da filosofia*, mas o editor disse que ninguém compraria um livro com um título desses). Como me sinto em relação a isso? Bem e mal. Bem, porque agora não tenho de me culpar por não ter feito maiores progressos em direção à solução dos problemas que me afligem — não mais do que me culpo por não ser capaz de dar um salto até a lua. O que não é humanamente possível não pode ser uma fonte de auto-reprovação. Mal, porque seria bom se pudéssemos ter chegado a uma solução definitivamente correta desses problemas — algo que afastasse a perplexidade. Deve-se admitir agora que a filosofia é uma condição de perplexidade terminal, uma ignorância inquietante permanente — e há pouco prazer nisso. Os matemáticos passaram séculos quebrando a cabeça para provar o último teorema de Fermat, considerando-o peculiarmente recalcitrante. Então um deles, depois de muito trabalho e engenhosidade, veio de fato com a prova exigida, e todos concordaram que ele estava certo. Problema resolvido! Seria maravilhoso se algo parecido pudesse ser feito em relação a um problema filosófico pendente de solução há muito tempo — o problema da mente-corpo ou o problema do livre-arbítrio. Algum indivíduo talentoso finalmente descobriria a solução correta, por meio de muito trabalho e engenhosidade, e todos os demais concordariam que está realmente correto. Mas se eu estiver certo, isso não vai acontecer. O que é um tanto desanimador. E meus colegas filósofos também não estão entusiasmados com minha posição pessimista, embora alguns admitam que *pode* ser que eu esteja certo. O objetivo de uma universidade, eles pensam, é o progresso do saber e estou dizendo que neste caso este objetivo é inútil.

Mas acho que eles não deveriam ficar assim tão chocados: já não sabíamos que as faculdades humanas têm suas limitações? Afinal não sabemos como é ser um morcego, e seria absurdo uma disciplina que pretendesse passar esse conhecimento para estudantes universitários (Experiência de Morcego 1), assim como seria absurdo um curso que ensinasse aos cegos como é (do interior) enxergar cores. É famosa a demonstração do teorema de Gydel dos limites da probabilidade em um sistema formal: existem verdades aritméticas que nenhum sistema formal pode produzir. Nem ninguém pensa que algum dia poderemos descobrir quantas folhas de grama cobriam o gramado de Henrique VIII, ou quantos dinossauros existiram. Existem frases gramaticais em inglês que não podem ser analisadas por nenhum falante, devido às excessivas exigências sobre nossa capacidade de reconhecimento vocal. A realidade pode obviamente sobrepujar nossa capacidade de conhecê-la de todas as maneiras possíveis. Seria realmente tão surpreendente assim que a área mais frustrante do empreendimento intelectual humano — o objeto que chamamos "filosofia" — também contenha questões que a princípio não podemos responder? Considerando tudo isso, a existência dessas questões humanamente irrespondíveis não é totalmente *previsível*? Não somos deuses, afinal de contas; somos organismos que evoluíram recentemente, feitos de materiais de baixíssima tecnologia.

Então, depois de vinte e cinco anos de filosofia, o meu raciocínio acabou com o meu emprego? Bem, não exatamente: apenas redefini o emprego. Talvez não possamos *resolver* os principais problemas da filosofia, mas podemos ao menos refletir sobre eles, formulá-los claramente, enumerar as várias opções, desenvolver um sentido de sua profundidade. Como Bertrand Russell assinalou em *Os problemas da filosofia*, em 1914, o valor da filosofia não se encontra na aquisição do que ele chamou de "conhecimento positivo" — como o valor da ciência —, mas sim na ampliação da extensão imaginativa da mente e no reconhecimento de que a ignorância faz parte da condição humana. A vida humana nunca pode ser perfeita, e o conhecimento humano não é diferente. Além disso, como explicarei no próximo capítulo, ainda há muita filosofia a ser produzida, mesmo quando se concorda que parte dela está além da nossa capacidade.

Nova York me convinha, assim como Rutgers. Em Oxford, quando o trabalho do dia termina, não há muito o que fazer, exceto visitar a livraria; é uma cidade muito parada, especialmente durante as férias. Mas em Nova York sempre tem algo interessante para fazer, mesmo que seja apenas dar uma volta pela rua. Você pode pensar que a agitação de Nova York deve ser uma distração para alguém cuja principal ocupação é escrever e pensar. Mas acho que na verdade é o contrário; a filosofia pode facilmente se tornar obsessiva, de modo que você passa a vida trancado em seus próprios pensamentos circulares. Você pode "adoecer com o pálido tom dos pensamentos", como Shakespeare observou em relação ao demasiadamente pensativo Hamlet. E esse estado mental não conduz à boa filosofia, além de ser um depressor. A filosofia é algo que você tem de ser capaz de parar de fazer ou ela o devorará. Manhattan, para mim, é o modo perfeito de fazer parar a filosofia; o lugar proporciona uma fuga da obsessão, um rude sacolejo da vida prolífica. Todos os dias, quando estou trabalhando na minha sala, olho a Broadway pela janela e sei que há um convulsivo mundo humano lá fora esperando para me engolfar assim que eu botar os pés na rua. Isso é reconfortante e me ajuda a manter um senso de proporção. Por estranho que pareça, acho saudável que o mundo lá fora não se importe tanto assim com a filosofia — enquanto em Oxford, ela parecia ser uma questão de vida ou morte. Posso manter a filosofia a uma distância segura, se tenho plena consciência de que outras pessoas mal sabem do que se trata.

A Rutgers continuou a ampliar seu departamento de filosofia, contratando vários profissionais excelentes depois de mim. Sua atmosfera intelectual me foi muito conveniente, com sua precisão, clareza e honestidade — como também com um elevado talento filosófico. Descobri que gostava novamente de dar aula para os alunos da graduação, algo que deixara de fazer como Wilde Reader de Oxford (e sem orientandos!). Apresentar a filosofia para mentes jovens e cheias de energia e curiosidade tem suas gratificações, mesmo que essas mentes não sejam sempre tão sofisticadas quanto alguém poderia idealmente (e alienadamente) desejar. Tento não me esquecer nunca do meu próprio eu estudante: perspicaz, receptivo, porém mal preparado. Mantenho meu radar ligado para detectar aquele estudante solitário, com olhos de quem está assombrado, a pergunta hesitante, a expressão de alívio quando cai a ficha — o estudante exemplar que poderia algum dia querer se tornar um filósofo.

Durante os anos 90, a região de Nova York estava em processo de se estabelecer como o centro mundial da filosofia. Com as universidades de Princeton e Rutgers em Nova Jersey, e Columbia, CUNY e NYU na cidade de Nova York, a área em geral tem agora o mais forte campo de filósofos do planeta, e o nível de atividade filosófica é elevado em todos os sentidos do termo. Além disso, filósofos de todos os cantos do mundo passam regularmente por Nova York. Quase há boa filosofia *demais* acontecendo. De modo que minha mudança para Nova York significou um aumento de estímulos intelectuais, e jamais consigo me ver deixando a cidade. Foi uma longa jornada de Blackpool até Manhattan, mas parece que foi um final feliz.

CAPÍTULO OITO

O Mal, a Beleza e a Lógica

O QUE EU DEVIA FAZER DEPOIS DE CHEGAR À CONCLUSÃO DE que os problemas da filosofia que mais me interessavam não podiam ser solucionados? Aposentar-me? Continuar explicando para outras pessoas o porquê da inutilidade de suas ambições filosóficas? Encontrar algum trabalho que oferecesse mais esperança de progresso? Por acaso não havia professor naquele ano para um dos cursos oferecidos na Rutgers — Problemas Filosóficos na Literatura. Ofereci-me para a função, embora nunca tivesse ensinado nada parecido com isso antes. A minha intenção, apenas vagamente articulada, era utilizar trabalhos de literatura como material para um curso de ética. O meu interesse pessoal pela criação de ficção literária foi um dos motivos que me levaram a isso, mas também gostava da idéia de começar a trabalhar em algo inteiramente novo; assim, com quarenta e três anos, adentrei um território estranho (crise intelectual de meia-idade?). Selecionei quatro romances que eu particularmente admirava e cujos temas estavam inter-relacionados, centrados na beleza e no mal: *Lolita,* de Vladimir Nabokov; *O retrato de Dorian Gray*, de Oscar Wilde; *Billy Budd*, de Herman Melville; e *Frankenstein*, de Mary Shelley. Planejava trazer à tona os temas morais dessas obras e avaliar os personagens que nelas aparecem. Uma leitura cuidadosa dos textos seria o meu método, orientado por tudo que eu sabia da vida real — não seria um curso acadêmico ou histórico, no estilo dos de literatura inglesa existentes. Queria relacionar-me com o material e com os alunos no nível da experiência humana comum. Seria um curso sobre o negligenciado tema da *vida*. Para condizer com esse tópico aleatório, pouco estabeleci em termos de metodologia, apenas paciência, compreensão e um senso de certo e errado.

O curso acabou sendo um sucesso, apesar do sentimento inicial reinante entre os alunos de desconhecimento do que estava sendo tratado, e desde então já o ministrei diversas vezes. Sempre começo com *Lolita,* um livro amplamente mal interpretado que contém uma forte (ainda que estranha) estrutura moral. Naturalmente, isso exigiu que eu lesse o livro diversas vezes, e hoje posso citar de cor largos trechos dele; ele está vivo no meu cérebro, uma presença contínua, uma segunda voz. Também tive a oportunidade de discutir a mecânica e a ética desse romance em numerosas ocasiões. Enquanto a versão do filme *Lolita* de Adrian Lyne estava gerando controvérsia em 1998 — não se encontrava um distribuidor na América para ele —, escrevi um ensaio defendendo a moralidade do romance e o publiquei no *Times Literary Supplement*. O ensaio foi traduzido para um jornal alemão e citado no *New York Times*, o que me levou a ser convidado para participar de um debate na CNN sobre a moralidade do livro junto com um crítico dele. O que me lembro principalmente desse debate, que foi transmitido ao vivo, foi que o câmera não me disse para onde olhar enquanto falava, e seus arrebatados gestos de direção com a voz truncada eram muito desconcertantes. No entanto, acho que toquei nos pontos certos, explicando que ao final do romance a pedofilia de Humbert Humbert recebeu uma punição severa e apropriada e que até mesmo ele (senhoras e senhores do júri!) reconhece a profundidade do seus abusos em relação a Lolita.

Devo admitir, entretanto, que discutir o tema da pedofilia ao vivo na televisão é uma tarefa bastante intimidante, especialmente quando se está defendendo um livro escrito na voz sedutora de um pedófilo confesso. As coisas que fazemos pela arte. Na verdade, penso que o filme, ao contrário do romance, é muito mais brando com Humbert Humbert: ele é um personagem muito mais sórdido do que o representado por Jeremy Irons, e muito menos sadio. O romance é de fato uma obra de grande gênio literário, e a voz do narrador sorrateiramente insinuante, mas Nabokov nunca nos deixa margem para muita dúvida quanto à malignidade do seu protagonista, pelo menos se lermos o romance com cuidado e sensibilidade. Ele é um assassino, um estuprador, um mentiroso e um louco. Em um nível puramente pessoal, estudar o romance é uma experiência de humildade para qualquer um que já tentou escrever ficção: o talento de Nabokov é tão impressionante que faz com que você nunca mais queira escrever de qualquer maneira.

O principal resultado de lecionar esse curso, no que diz respeito ao meu trabalho pessoal, foi que escrevi um livro intitulado *Ethics, Evil and Fiction* (1997). Um dos capítulos chama-se "The Evil Charater", onde tento delinear e explicar a psicologia de uma pessoa má. Isso também me rendeu algumas aparições na TV, nas quais discuti vários psicopatas e criminosos. Os personagens dos romances que eu estava ensinando eram um estímulo para esse trabalho, mas também estava motivado a considerar personagens maus levando em conta alguns eventos reportados na imprensa, particularmente o caso de James Bulger, uma criança que foi assassinada por dois rapazes de Liverpool. O meu tema geral era que os personagens maus subvertem a costumeira compaixão que sentimos pelo sofrimento dos outros: em vez de sofrer quando os outros sofrem, deleitam-se com o sofrimento alheio. O sádico é precisamente alguém que obtém prazer com a dor dos outros. Eu distingo os motivos do sádico puro daqueles de alguém que é instrumentalmente mau: uma pessoa pode causar sofrimento aos outros enquanto busca atingir algum objetivo, como no roubo violento, mas um sádico é alguém que inflige dor aos outros por nenhuma outra razão.

É isso o que concebemos como pura malevolência. O personagem de James Claggart em *Billy Budd* é puramente mau, porque procura destruir o inocente Billy por nenhuma outra razão que não destruí-lo; não obtém qualquer vantagem da destruição acalentada, tal como uma promoção, por exemplo. Sugeri que uma profunda inveja existencial desempenha um importante papel nesse tipo de mal — particularmente inveja da virtude e da inocência. Claggart queria Billy morto por causa do seu sentimento invejoso de que nunca conseguiria atingir a bondade natural de Billy; o ódio à bondade origina-se da inveja dela. Penso que os filósofos da moral deveriam discutir mais esse tipo de assunto, mas de um modo geral eles pouco têm a dizer sobre isso; talvez a falta de uma metodologia rigorosa os detenha. Seja como for, a literatura proporciona nitidamente um rico campo para a reflexão moral. Não é por acaso que falamos de "moral da história".

O outro tema principal do meu livro é a beleza. Em *O retrato de Dorian Gray*, a beleza é colocada em oposição à moralidade, visto que Dorian conserva de modo sobrenatural sua excepcional aparência, enquanto seu retrato adquire os sinais do envelhecimento e do pecado. Uma obsessão com a beleza leva Dorian ao pecado, enquanto ele tenta transformar sua vida numa obra de arte, mesmo as suas partes malignas. Em resumo, ele põe a beleza acima da virtude, e as conseqüências são desastrosas. Em *Frankenstein*, a monstruosa criação do cientista exemplifica o oposto de Dorian Gray — ele é feio por fora, virtuoso por dentro (ao menos até a amargura da rejeição torná-lo violento e vingativo). Ambas as histórias enfatizam a dualidade essencial dos seres humanos: seu ser espiritual interior e sua aparência física exterior. Tendemos a nos deixar enganar pela aparência, encantados que ficamos com a beleza, sentindo uma repulsa pelo que é feio. Mas o eu interior de uma pessoa pode estar radicalmente em desacordo com sua aparência, e não é tão fácil ter acesso a ele. Em meu livro, eu argumento que *Frankenstein* é um tipo de parábola exagerada da existência humana ordinária, na qual nos identificamos com o monstro: também possuímos corpos que não são esteticamente agradáveis em todos os sentidos (especialmente sob a pele); também sofremos as angústias da rejeição injusta; também nascemos sem nosso consentimento em um mundo hostil, onde a morte é a única saída. Constantemente sentimos a dualidade da nossa aparência exterior e do nosso ser interior, na medida em que negociamos a sociedade humana (pense, por exemplo, na cor de pele). Essa dualidade é a raiz da autoconsciência humana e de muito sofrimento.

Também argumentei que a feiúra da alma de Dorian Gray ilustra o que chamei de "teoria estética da virtude": a virtude pode muito bem não coincidir com a beleza exterior, mas é identificada com a beleza interior — a beleza de alma ou de caráter. Dediquei um capítulo a essa antiga teoria platônica da virtude, que não é muito respeitada pelos atuais filósofos analíticos da moral, argumentando que ela era um meio plausível e esclarecedor para compreender a virtude moral. Dorian sacrifica sua beleza interior em prol da exterior, transmitindo uma ilusão de virtude, mas sendo vicioso e corrupto por dentro, como o seu retrato repulsivo demonstra. Ele se dedica à beleza, buscando valor estético mesmo no mal, mas a ironia é que com isso cria para si mesmo uma alma cuja feiúra é indelével. Portanto a beleza e a virtude não estão tão separadas assim, afinal de contas; existe uma harmonia entre elas em um nível fundamental.

Evidentemente, *Ethics, Evil and Fiction* é um tipo de trabalho filosófico muito diferente daquele sobre o qual tenho discorrido nos capítulos anteriores deste livro. Está mais próximo das inquietações humanas, parece-se mais com dramaturgia, literatura e cinema, é menos rigoroso em sua formulação. Alguns críticos do livro me chamaram de "excêntrico" pelo fato de tê-lo escrito, querendo dizer (suponho) que não era um texto ortodoxo. Mas parte da minha argumentação era de que a filosofia moral de hoje não se volta para assuntos que são tratados pela literatura e por outras formas imaginativas, e que precisamos incorporar essas formas aos nossos bancos de dados para a reflexão moral. A parábola e a história são freqüentemente utilizadas para proporcionar uma compreensão moral; não é apenas uma questão de memorizar uma lista de imperativos morais, como os Dez Mandamentos, que prega a obediência em vez da compreensão. Em minha visão, é preciso que ocorra um casamento entre a ética e a literatura, para o benefício de ambas. (Se estivesse lecionando ética para o segundo grau, eu o faria por meio da literatura, nunca da religião.)

Entretanto, durante os anos 90, o que considero como a minha segunda profissão adquiriu relevo. Há anos eu vinha escrevendo artigos para revistas como a *London Review of Books* e *Times Literary Supplement,* mas agora começava a escrever com mais freqüência para a *New Republic*, *The New Times*, a revista eletrônica *Slate*, e mais recentemente para a *New York Review of Books.* Tenho fama de ser um crítico severo e é verdade que não vejo sentido em ficar fazendo média. É claro que isso me acarreta muitos problemas com as pessoas cujos trabalhos avalio negativamente. Sem entrar nos detalhes sórdidos de alguns casos particulares, gostaria de fazer uma observação a respeito dessas escaramuças (freqüentemente desagradáveis). Quando faço uma resenha negativa da pessoa A, a pessoa B muitas vezes me louva pela minha sagacidade e coragem, comentando: "Já estava na hora de alguém dizer isso sobre A." Mas quando mais tarde critico a pessoa B, empregando os mesmos padrões críticos, ela imediatamente presume que eu tenho algum motivo não revelado, que sou propositalmente agressivo, que expresso meus rancores inconscientes nas resenhas críticas que escrevo. Conseqüentemente, B me proclamará seu inimigo público número um. Na verdade, simplesmente aplico os mesmos padrões de forma generalizada, a não ser quando se trata de escritores mais jovens, menos estabelecidos, a quem posso abrir uma exceção e adotar um tom mais ameno. A verdade é que freqüentemente critico o trabalho de autores poderosos e bem-relacionados, e essa atitude é considerada um tanto inaceitável (com certeza não é bom para mim, particularmente). É claro que não faço isso porque eles são poderosos e bem-relacionados; o que obviamente me motiva é a constatação de que suas visões estão distorcidas de diversas formas. De algum modo as pessoas têm dificuldade para acreditar nisso, de um jeito que *eu* tenho dificuldade de acreditar. Mas não há razão em se escrever uma resenha a não ser que você tenha liberdade para expressar sua opinião de forma clara e vigorosa. E dependendo da ocasião, sou tão positivo quanto posso ser negativo.

Deixem-me focalizar um exemplo desse tipo de escrita, para que eu possa transmitir o sabor da coisa. Comecei a escrever para a *New York Review of Books* alguns anos atrás, começando com uma resenha de dois livros sobre consciência e o cérebro. O editor, Robert Silvers, perguntou então se eu não estaria interessado em escrever um ensaio sobre Freud, aproveitando a oportunidade da inauguração de uma exposição devotada ao pai da psicanálise que aconteceria em Nova York. Fiquei em dúvida, dizendo que não era especialista em Freud e nem tinha opiniões elaboradas sobre suas teorias. (Vocês podem lembrar que a obra de Freud muito me estimulou durante a minha adolescência e que foram seus livros que me levaram a me inscrever para o curso superior de psicologia.) O editor disse que era isso que ele estava buscando — uma nova avaliação de Freud, não tendenciosa, de alguém que não tinha uma posição estabelecida; e eu estava interessado em revisitar Freud e descobrir que opinião eu tinha agora sobre a obra dele.

Parecia uma atribuição intrigante. Então passei todo um verão lendo os livros de Freud, junto com alguns comentários de outros autores sobre ele, e refletindo sobre o que achava. No final cheguei à conclusão de que a maior parte de sua obra não passava de fantasia engenhosa, sem um suporte em evidências factuais, dúbia em si mesma e freqüentemente desprovida de coerência teórica. Freud dizia, por exemplo, que todos os sonhos são realizações de desejos, mas é muito evidente que temos sonhos distintamente angustiantes que não são expressão de nenhum desejo secreto. Recentemente sonhei que meu carro tinha sido multado por estar estacionado em lugar proibido e que teria de ir para a cadeia e pagar uma multa elevada; não há nada relativo à realização de desejos nisso! Freud também é famoso por sustentar que os meninos sofrem de ansiedade de castração, devido às ameaças dos pais, mas não há qualquer evidência considerável de que isso seja verdadeiro. Seu conceito de repressão como um mecanismo que recalca lembranças indesejadas mantendo-as no inconsciente enfrenta a objeção óbvia de que algumas de nossas recordações mais dolorosas não vão embora. Escrevi o texto, que foi cuidadosamente editado e publicado no outono de 1999.

Muitas cartas de protesto chegaram aos escritórios da *Review*, a maioria delas hostis e pessoais, muito embora algumas fossem de apoio. Muitos supuseram que o trabalho tinha sido de algum modo combinado previamente, que o editor e eu conspiramos para produzir um texto que "derrubava" Freud. Na verdade, simplesmente apliquei os mesmos padrões críticos de argumentação e evidência que aplico a qualquer livro que estou examinando, sem me intimidar com o fato de Freud ser um ícone cultural com seguidores devotados e toda uma indústria — a psicanálise — erigida sobre suas fundações (instáveis). A principal lição que tirei da realização desse trabalho foi o contraste entre o meu eu juvenil anterior, ainda não desenvolvido criticamente, pronto a aceitar as idéias na base da confiança, e meu eu maduro hipercrítico, preparado para detectar um furo em qualquer argumento, não importa quem o produziu. Duas longas cartas criticando a minha resenha foram publicadas na *Review*, que concedeu aos escritores amplo espaço para expressarem suas queixas; as minhas respostas ocuparam espaço de mesmo tamanho. Isso parecia eminentemente justo para todos os envolvidos e um bom exemplo de debate aberto e vigoroso. O progresso intelectual é alimentado por uma crítica franca e profunda, não por concordâncias e adesões partidárias. Mas isso é óbvio, não é?

Como uma seqüência interessante, embora um tanto deprimente, deixem-me relatar a seguinte história. Certo dia, ao voltar para casa vindo da Rutgers, encontrei um fax da *Review* me encaminhando uma carta sobre o meu ensaio sobre Freud. Nada demais nisso; havia algumas semanas que eu recebia esses fax diariamente. Mas este era escrito a mão, bastante longo e muito esmerado. Passando os olhos pela carta, seu autor deu-me a impressão de coerência e grande sensibilidade, discorrendo sobre como a psicanálise é uma pseudociência na qual se acredita pelo mesmo motivo que nos leva a acreditar em outras pseudociências — como substitutos da religião. Voltando os olhos para o endereço no alto da carta, percebei que ela procedia de uma "Penitenciária Federal de Segurança Máxima". Que interessante, pensei, os prisioneiros lêem a *New York Review of Books*. Então percebi a identidade do remetente: Theodore Kaczynski, também conhecido como Unabomber. A caligrafia pequena e esmerada era a de um assassino de sanidade escassa, mas evidentemente inteligente, cuja figura ligeiramente professoral eu vira com freqüência na televisão. Após um calafrio inicial, pensei, Bem, certamente estou expandindo o meu universo de leitores. (Joyce Carol Oates também me enviou um cartão de congratulações, portanto não eram apenas os assassinos e os psicanalistas enfurecidos).

Por falar em expansão dos meus leitores, espero não ser acusado de dar nomes demais se mencionar Jonathan Miller e Oliver Sacks. Conhecia Jonathan Miller havia muitos anos da televisão e da rádio inglesas; seu brilhantismo polimático — tanto artístico quanto científico —, sua memória espantosa, perspicácia subversiva e forte personalidade sempre me impressionaram. Então certo dia, enquanto ainda era Wilde Reader em Oxford, recebi uma carta totalmente inesperada dele: ele lera o meu livro *Mental Content* durante suas férias na Grécia e queria me parabenizar pelo meu trabalho e também fazer algumas referências que ele pensava que poderiam me interessar. Por mera casualidade, ele estava programado para uma palestra no departamento de psicologia de Oxford na semana seguinte, de modo que planejei me apresentar a ele. Pareceu surpreso com a minha juventude e possivelmente também com a minha altura (ele é muito alto, eu sou muito baixo), mas combinamos de nos encontrar em Londres alguns dias depois, para que ele pudesse me entregar uma monografia que achava que poderia me interessar. Isso foi em 1990. Somos bons amigos desde então. Gostaria de poder dizer que ele é tão agradável quanto inteligente, nossos encontros são um imenso prazer para mim e valorizo muito a nossa amizade. Nossas conversas variam de filosofia da mente e ciência cognitiva aos métodos de Peter Cook e Dudley

Moore. Ele não compartilha meu entusiasmo pelos esportes (de que falarei mais depois) — mas nenhuma amizade é perfeita, não é mesmo? (Certa vez instiguei-o a jogar uma partida de sinuca, que ele encarou de uma maneira puramente matemática.) Outra vez estávamos jantando em um restaurante em Nova York junto com Jerry Fodor, quando ninguém menos do que Placido Domingo aparece, com quem Jonathan trabalhara antes, dirigindo uma ópera ou outra. Sabendo que Jerry é fanático por ópera, Jonathan foi solícito em apresentá-lo ao famoso cantor. Foi a única vez que vi Jerry sem fala e tremendo, emocionado e reverencioso.

Conheci Oliver Sacks por meio de Jonathan; a amizade deles remonta aos dias de escola no norte de Londres. Comparado com Jonathan, Oliver é taciturno, aparentemente tímido, distraído. Mas também é notadamente erudito, igualmente à vontade com química e literatura, neurologia e música. É também, ao contrário de Jonathan, um esportista: levantava pesos quando mais jovem, nadava e fazia mergulho. É um conversador excepcionalmente cuidadoso, que pesa suas palavras como se fossem pedras preciosas, desapegado, juvenil, robusto — diferente de todas as pessoas que já conheci. Sua paixão intelectual é contagiante e sua capacidade de dar vida a assuntos como a metalurgia é fabulosa (ele tem uma relação sensual com os minerais). Certa vez ele me apresentou a Robin Williams, que foi seu personagem na versão filmada de *O despertar*, o livro de Sacks sobre o efeito curativo da L-dopa. O ator estava mais incrível do que nunca e fez uma imitação surpreendente de um motorista de táxi indiano em Londres, que na verdade era um físico nuclear. Mas ele também me deu a impressão de ser um homem lógico e muito direto; havia ordem por debaixo de todo aquele caos criativo. Trocamos comentários sobre o que me levou à filosofia e ele a se tornar um comediante, contra todas as expectativas (estava estudando ciências políticas na faculdade).

Agora que estou revelando o nome de estrelas do cinema, não posso me furtar à obrigação de contar minha história com Jennifer Aniston (não se preocupe, logo estaremos de volta à lógica). Estava por acaso na festa de estréia de um filme, cortesia de um amigo da indústria cinematográfica. À medida que as pessoas entravam após terem assistido ao filme, fui sendo empurrado para os fundos, perto de Jennifer Aniston, estrela de *Friends* e capa de milhares de revistas (seu atual marido, Brad Pitt, estava mais à esquerda, atrás de uma pilastra, parecendo extraordinariamente belo). Sorrimos um para o outro e lhe disse que aquela não era a minha praia, já que eu era um filósofo, não uma pessoa de cinema. Ela me abriu um de seus famosos sorrisos e por sua vez disse animada: "Oh, quem é seu filósofo favorito?" Supondo que ela deveria ter cursado uma disciplina de filosofia na faculdade e tivesse alguma noção do assunto, respondi: "Bertrand Russell, provavelmente." Ela pareceu um pouco desapontada e disse, "Nunca ouvi falar dele". Sentindo que precisava tornar-me mais popular, arrisquei: "Kant também é um dos meus favoritos." Ela replicou, desanimada: "Nunca ouvi falar dele." Aquilo não estava indo bem, de modo que rapidamente recorri a "E Platão?" "Oh, sim, conheço Platão", ela respondeu com alegria. Encorajado e querendo saber se ela conhecia mais sobre o assunto, para não parecer eu o professor crítico e ela a estudante relapsa, mandei: "E não podemos nos esquecer de Descartes, é claro." "Nunca ouvi falar dele", ela murmurou, depois de uma pesada pausa. Desesperado, abri o verbo: "Bem, você está sensacional em *Friends*!" Ela agradeceu e sorriu, mas o estrago estava feito. Não sei quem ficou mais embaraçado, se ela ou eu. Fiz a minha cordial despedida, enquanto ela se deslocava em direção ao glamouroso grupo de Brad. Mais tarde pensei que ela provavelmente estivesse se referindo à filosofia *oriental*, um assunto pelo qual o Brad Pitt evidentemente se interessa — e sobre o qual sei tão pouco quanto ela sabia de filosofia ocidental. Não que eu pense, devo logo frisar, que seja um tanto vergonhoso para ela não conhecer as identidades de outros filósofos — afinal de contas ela é uma atriz, não uma acadêmica. Na verdade, ao longo de toda a nossa breve conversa, ela foi graciosa e agradável, e eu não era ninguém para ela. Desejaria apenas que soubesse quem foi Descartes, só isso — teria desoprimido o desconforto interpessoal. Não é sempre que Hollywood encontra a filosofia analítica, e teria sido bom se o encontro tivesse ocorrido de forma mais relaxada.

Mais tarde, naquela mesma noite, também tive uma breve conversa com Anthony Hopkins, que também estrelava o filme. Como mencionei antes, as pessoas costumam dizer que me pareço com ele, de modo que aproveitei a oportunidade para perguntar o que ele achava. Ele olhou-me diretamente no rosto por um longo momento. Pessoas se moviam por todos os lados à nossa volta, enquanto ele considerava a pergunta e depois emitia seu parecer: "Não, não nos parecemos, não realmente, embora eu perceba por que as pessoas acham que sim." Concordei com ele, dizendo que era uma idéia que nunca tinha passado pela minha cabeça até as pessoas começarem a mencionar isso. Ele então acrescentou, depois de uma pausa significativa, com uma voz de que somente ele poderia dispor: "Bem, talvez em torno dos olhos." Com nossos olhares fixos um no outro, concordei com um aceno de cabeça, os pêlos do meu pescoço ligeiramente eriçados. Então agora, sempre que alguém me diz que pareço com Anthony Hopkins, posso afirmar que discuti esse assunto numa conversa pessoal com o próprio ator e concordamos que não é bem assim — exceto talvez em torno dos olhos.

Agora, antes de retornamos à filosofia propriamente dita, temos de discutir a importante empreitada dos esportes aquáticos. Minha desculpa para trazer esse assunto à baila é que um livro sobre a vida de um filósofo deveria ter algo a dizer sobre filosofia de vida. A vida de um filósofo é obviamente muito cerebral, afastada do mundo comum e da natureza. Consiste amplamente em uma pessoa sozinha, sentada em um quarto, pensando, escrevendo. Descobri que era importante para manter um senso de equilíbrio não deixar que minha vida se tornasse exclusivamente intelectual. Jogar videogames fazia parte disso, mas não era exatamente a mais saudável ou gratificante das atividades. Tentei *squash* e tênis também, além de sinuca, dardos e boliche.

Acredito que todos deveriam se envolver com alguma forma de atividade física de que gostam (e não apenas algo que fazem para se manter em forma), tanto para a saúde do corpo quanto da mente. Há alguns anos descobri os esportes aquáticos, tarde na vida (talvez a minha aproximação da água tenha se dado lentamente porque por muito pouco não me afoguei no mar, quando tinha quatro anos — ainda me lembro do esforço e da ingestão de água e da sensação de morte iminente). Primeiro nas praias da Flórida, deitado sobre uma prancha de isopor e pegando ondas. Mas logo em seguida foi o caiaque e o surfe, e depois o windsurfe e o iatismo. De todas, a minha atividade preferida é o surfe de caiaque, que pratico o máximo que posso ultimamente (durante a maior parte do tempo que levei para escrever este livro, alternei estar sentado diante do meu computador com estar sentado em um caiaque na rebentação das praias de Long Island). No surfe de caiaque, você rema em uma embarcação pequena e especialmente projetada, com fundo chato e amarras apertadas para fixá-lo ao seu interior;

quando uma onda adequada aparece, você rema como o diabo para pegar o impulso na sua crista e descê-la, manobrando a embarcação enquanto desliza pela onda. As ondas podem ser fortes e o percurso não é exatamente sereno; você certamente não consegue pensar em filosofia enquanto está descendo em velocidade uma onda grande e inclinada, lutando para se manter à frente da espuma. Com muita freqüência, a onda fará você cair na água com a maior facilidade, enquanto sua embarcação dispara para longe, em direção à costa. Mas a sensação de pegar uma onda perfeita, de controlar o barco enquanto desliza por sua parede, de manter o equilíbrio enquanto sai da onda sem cair, é a coisa mais divertida que conheço (claro que algumas coisas são mais *prazerosas*). É o contraponto perfeito para a vida de contemplação serena, reflexão abstrata e cansaço mental. Para mim, proporciona o tipo de atividade física muscular que apreciava no meu tempo de ginasta e que como acadêmico perdi durante muitos anos.

Não quero parecer muito místico, mas também acho imensamente agradável estar no meio do mar, em comunhão com a natureza, sentindo seu poder impessoal, lidando com o que ela apresenta no meu caminho. Uma boa onda é como um presente do mundo natural, embora um presente que parece uma faca de dois gumes. Mesmo quando a espuma o projeta sob a onda que rola, há uma sensação de harmonia natural enquanto o corpo recobra o controle. Também extraio muita satisfação da engenharia simples aplicada em um caiaque e um remo: uma máquina tão simples, porém tão adequada à sua função. E é claro, há o prazer de estar junto com os amigos que possuem a mesma paixão e de ensinar aos outros as técnicas envolvidas. Essa é então a minha filosofia de vida — ou pelo menos de parte da minha vida: arrumar um barco e pegar as ondas. Ou qualquer outra coisa que o una ao seu corpo e à natureza (esquiar também é bom, em se tratando disso). O perigo de ser um filósofo é que você se torna todo cerebral; é necessário um antídoto para essa excessiva cerebralização. Quem deseja ser apenas uma massa de substância cinza?

O meu trabalho focalizou recentemente a lógica filosófica, uma das partes mais secas e abstratas da filosofia. Talvez em razão de ter dirigido meus esforços durante alguns anos para assuntos que são inerentemente desordenados e problemáticos — consciência, metafilosofia, mal, beleza da alma —, gostei de trabalhar num assunto que é perspicaz, rigoroso e puro. Quando saí de Oxford em 1974 para me tornar professor, a lógica filosófica era a disciplina que mais me interessava, de modo que retornei vinte e cinco anos mais tarde a um entusiasmo da minha juventude, depois de muita divagação. Por sua natureza, é mais difícil tornar esse trabalho lógico acessível do que os outros temas que abordei neste livro, mas farei o melhor que posso para dar uma idéia de como é o seu âmago, focalizando o tema da existência (no livro que resultou desse trabalho, *Logical Properties* [publicado em 2000], também discorro sobre identidade, necessidade, predicação e verdade).

A existência é um assunto peculiar. Algumas coisas a têm, outras não. Mas a simples menção disso já soa paradoxal — que *coisas* são essas que não existem? Seria errado dizer que são idéias, como a idéia de Sherlock Holmes, já que a *idéia* de Sherlock Holmes existe — é apenas o próprio Sherlock, o homem, não a idéia do homem, que não existe. Assim como uma pintura de um unicórnio não pode ser identificada com o unicórnio que ela representa — já que a pintura do unicórnio existe, mas não o que foi pintado —, a idéia de uma coisa inexistente não é o mesmo que a própria coisa inexistente. Então parecemos estar dizendo a respeito de certas entidades não-mentais que elas carecem de existência: como isso é possível? Ao mesmo tempo, quando atribuímos existência a um objeto que existe, parece que estamos lhe atribuindo algo trivial e estranhamente impalpável. Tudo existe, queremos dizer — ou seja, tudo que existe, existe. Mas essa parece ser uma propriedade por demais comum que as coisas têm. Em relação a outras propriedades, algumas coisas a têm, outras não, como ser vermelho ou um homem ou um número ímpar. Mas a existência parece não fazer distinção entre um objeto e outro. Uma vez que sabemos que estamos falando de algo que é real, sabemos que essa coisa existe; é então inútil acrescentar que a coisa em questão *existe*. Portanto as afirmações de existência parecem ou redundantes ou contraditórias, dependendo de serem falsas ou verdadeiras.

Reflexões como essas levaram alguns filósofos a negar que a existência seja uma propriedade verdadeira. Na linguagem comum, utilizamos o verbo "existe" gramaticalmente da mesma maneira que utilizamos "vermelho" e "homem", como predicado de orações. Mas esses filósofos sustentam que isso induz logicamente ao erro, de modo que a linguagem comum está nos induzindo ao erro lógico de considerar a existência uma propriedade que as coisas podem ter ou não. Em vez disso, afirma-se, o conceito de existência funciona como o conceito de ser numeroso. Não se pode notadamente dizer de um objeto específico que ele é numeroso; quando utiliza a palavra "numeroso", você está sempre falando de alguma propriedade ou atributo do qual se diz que há muitas instâncias. Se digo "os mosquitos são numerosos", não estou dizendo de algum mosquito em particular que *ele* é numeroso; estou dizendo que o atributo de ser um mosquito tem um grande número de instâncias. Do mesmo modo, é sugerido que se digo que Bill Clinton existe, não estou dizendo de um determinado homem que ele possui essa propriedade peculiar de existência (que Sherlock Holmes não tem); mais propriamente, estou falando de algum atributo — digamos, o atributo de ser o presidente dos Estados Unidos que certa vez foi governador do Arkansas — que tem apenas uma instância. Quando digo que os tigres existem, estou dizendo que essa espécie tem instâncias, não que tigres individuais possuem essa misteriosa propriedade de existência, e o mesmo se aplica para os casos nos quais pareço estar atribuindo existência a um indivíduo: estou na verdade falando de um atributo e dizendo que ele tem uma instância única. Afirmações sobre a existência nunca são estritamente sobre indivíduos, mas sempre sobre os atributos dos indivíduos — significando que eles possuem instâncias. Não existe uma tal coisa como a estranha propriedade da existência, afinal de contas.

Essa é a visão ortodoxa da existência. Penso que está errada. Meu ponto de vista é de que a existência é realmente o que aparenta ser — uma propriedade genuína dos objetos. É verdade, ela é universal a todos os objetos que existem, mas é igualmente o caso de o azulado ser uma propriedade de todos os objetos azuis. E *há* objetos que não existem, objetos do pensamento como Sherlock Holmes — da mesma forma que existem objetos que não são azuis. A existência é como a identidade própria, uma propriedade lógica que é também amplamente difundida. O problema de dizer que a existência é na verdade uma questão de um atributo possuir instâncias é que a idéia de possuir instâncias já contém o conceito de existência. O que significa dizer que "tigre" tem instâncias? Significa que há coisas que existem que são tigres, mas isso é usar o conceito de existência como uma propriedade de alguns objetos e não de outros. O fato é que algumas vezes nos referimos a coisas — como personagens ficcionais — que não existem; de modo que o conceito de existência faz uma distinção entre as coisas a que nos referimos. Não é portanto um conceito inútil; dizer que algo existe pode ser informativo (como quando lhe dizem que Sherlock Holmes era de fato um detetive que existia na Londres vitoriana, que Arthur Conan Doyle decidiu usar como seu modelo). Algumas propriedades são apenas extensamente generalizadas, como a propriedade de ser objeto, ou a propriedade de ser alvo do pensamento, ou a propriedade de existir no tempo e no espaço. Estas são de fato mais generalizadas que a vermelhidão e a humanidade, mas não são irreais por causa disso.

Entre outras coisas, isso mostra que a tradicional resposta ao argumento ontológico para a existência de Deus (sobre o qual discorri no capítulo 1), ou seja, que ele erroneamente pressupõe que a existência *é* uma propriedade, não está correta: a existência é uma propriedade dos objetos; a questão na verdade é se é possível alegar que essa propriedade está atrelada ao próprio conceito de Deus — o que duvido. Quando jovem, o argumento ontológico me interessava por causa de suas implicações teológicas; agora ele me interessa de um ponto de vista puramente teórico. Ainda assim, ele permaneceu comigo todos esses anos, tão instigante quanto sempre. Será que é por isso que os filósofos algumas vezes se sentem como estivessem sendo assombrados? Ou estou querendo dizer perseguidos?

Essa é apenas uma amostra do tema da existência, que se encontra obviamente em um alto nível de abstração. É um tipo muito característico de questão filosófica. Falamos de existência o tempo todo e ela é obviamente um conceito fundamental, mas o que significa exatamente? Mostra-se notavelmente difícil responder. A questão é enigmática, mas é possível avançar com ela (ao contrário dos problemas sobre a mente que, de acordo com minha concepção apresentada anteriormente, são totalmente resistentes a ser solucionados). E a existência não é um tópico de que poderíamos esperar que se tornasse um objeto da ciência. Ela é uma questão puramente filosófica, simples mas surpreendentemente confusa. Pensar sobre o existir nos faz realizar que mesmo os nossos conceitos mais básicos não nos são evidentes; nós os utilizamos com bastante comodidade, mas não temos nenhuma compreensão articulada sobre o que eles envolvem. É nesse ponto que entra a filosofia. E isso revela que é errado pensar que todas as questões genuínas são científicas ou empíricas. Na verdade, a própria ciência inevitavelmente levanta questões filosóficas.

O mesmo se aplica para a literatura, história, economia, cibernética, matemática e assim por diante. Na matemática, por exemplo, existe a questão sobre de onde os números derivam: seriam apenas inscrições no papel, ou idéias na mente dos matemáticos, ou seriam, como Platão pensava, entidades objetivas independentes da mente que existem fora do espaço e do tempo? Nada do que você aprende nas aulas comuns de matemática o capacitará para responder a essas questões (embora o seu professor de matemática possa ter sua própria visão filosófica sobre essas questões). Nas ciências empíricas, as teorias são formuladas para explicar os dados que foram observados, e freqüentemente supõe-se que essas teorias fornecem descrições verdadeiras da realidade. Mas perceba que essa caracterização banal da ciência utiliza um número de conceitos que clamam por elucidação: o que é uma teoria? O que é uma explicação? O que distingue uma observação da teoria empregada para explicá-la? O que é verdade? O que é realidade? A ciência opera com esses conceitos, mas não tem condições de prover uma explicação para eles. O mesmo ocorre com as ciências sociais: elas também utilizam esses conceitos mencionados, mas além disso invocam conceitos como razão e motivo, assim como conceitos normativos, tais como direito ou obrigação — e estes nos remetem à filosofia moral e política, como também à filosofia da mente. As artes empregam conceitos estéticos, como beleza e representação, e questões filosóficas são levantadas por esses conceitos: a beleza é subjetiva ou objetiva? Será que toda representação artística é fundamentalmente da mesma espécie? O que determina o valor estético de uma obra de arte? Depois existem os conceitos extremamente gerais que pululam por toda parte — tempo, causalidade, necessidade, existência, objeto, propriedade, identidade. Nenhuma disciplina científica pode lhe informar o que esses conceitos envolvem, porque são pressupostos por quaisquer dessas disciplinas; precisamos da filosofia para compreendê-los. Por exemplo, seria a causalidade apenas uma questão da mera conjunção constante de eventos — da "droga de uma coisa após a outra", como A. J. Ayer costumava dizer — ou ela envolve um elemento de ligação necessário? E que tipo de necessidade seria essa? Seria algo como a verdade necessária de "solteiros não são casados"?

Todas essas são questões que os seres humanos naturalmente se perguntam e sobre as quais têm refletido desde que o pensamento articulado foi registrado pela primeira vez. As crianças indagam espontaneamente sobre questões filosóficas, para grande frustração de seus pais — já que freqüentemente os pais são tão filosoficamente ignorantes quanto os filhos. O filósofo é apenas alguém com um interesse particularmente intenso por essas antigas questões universais; ele é a incorporação de um tipo de curiosidade humana — o tipo que busca o geral, não o específico, o abstrato, não o concreto. Obviamente é fácil ficar impaciente com tais questões, já que não admitem solução científica. Mas essa resposta não passa realmente de filistinismo combinado com fetichismo científico. A ciência é sem dúvida um empreendimento requintado e nobre, mas não a única forma válida de investigação intelectual. Não deveríamos nos ater à idéia de que uma questão é científica ou não é nada.

Existem vários livros excelentes que tentam tornar a ciência inteligível para os leigos, muitos dos quais li com grande interesse; no entanto, muito poucos livros tentam fazer o mesmo para a filosofia. Foi isso que tentei fazer aqui, descrevendo a partir de dentro como é ser um filósofo. Espero que você tenha obtido uma impressão de como é uma vida filosófica, ao menos a vida de um filósofo; e espero ainda mais que agora sinta que a filosofia é um assunto fascinante e gratificante para ser estudado e pensado.

ESTOU ESCREVENDO DE MASTIC BEACH, LONG ISLAND. SÃO AS longas férias de verão. Lá fora o sol brilha, os mosquitos movem-se furtivos e o mar acena. Estou pensando em um romance que acabou de ser lançado na Inglaterra pelo meu amigo Edward St. Aubyn, que conheci numa conferência sobre a consciência no Arizona, alguns anos atrás. A história é sobre um homem a quem restam apenas seis meses de vida e que está obcecado com a natureza da consciência e de como ela se relaciona com o corpo. Ele conversa com diversos filósofos e cientistas, mas nenhum o satisfaz. Quando o romance vai chegando ao fim, ele está dentro de um trem com um filósofo chamado McGinn, que lhe explica por que a consciência é um enigma: por causa das limitações cognitivas inerentes aos seres humanos. A consciência é um fenômeno inteiramente natural, esse personagem McGinn insiste, unida ao cérebro por meio de vínculos naturais; o que ocorre simplesmente é que não dispomos do órgão mental adequado para que possamos compreendê-la. O homem considera essa posição convincente; compreende por que é tão difícil chegar a um entendimento com a coisa mais óbvia do mundo — a própria consciência. Felizmente, no livro, o diagnóstico se prova equivocado e o personagem retorna à sua vida normal. A minha aparição nesse romance parece fazer um balanço da minha vida até o presente: une meu interesse pela filosofia com minha predileção pela ficção; expressa meu desejo de ser um professor que pode elucidar a mente de outras pessoas; e capta o sentimento que tenho de que sou um personagem de um romance — mas um romance verdadeiro, o "romance" que compus ao escrever este livro.

Acho que agora vou sair para umas remadas.

Este livro foi composto na tipologia Tiffany
em corpo 11/16,5 e impresso em papel
off-white 80g/m² no Sistema Cameron da
Divisão Gráfica da Distribuidora Record.